新时代劳动理论十六讲

陈培永 主编

北京大学出版社
PEKING UNIVERSITY PRESS

图书在版编目（CIP）数据

新时代劳动理论十六讲 / 陈培永主编. —北京：北京大学出版社，2023.5
ISBN 978-7-301-33893-3

Ⅰ.①新… Ⅱ.①陈… Ⅲ.①劳动教育—高等学校—教材 Ⅳ.①G40-015

中国国家版本馆 CIP 数据核字（2023）第 060921 号

书　　　名	新时代劳动理论十六讲 XINSHIDAI LAODONG LILUN SHILIU JIANG
著作责任者	陈培永　主编
责 任 编 辑	武　岳
标 准 书 号	ISBN 978-7-301-33893-3
出 版 发 行	北京大学出版社
地　　　址	北京市海淀区成府路 205 号　100871
网　　　址	http://www.pup.cn
新 浪 微 博	@北京大学出版社　　@未名社科-北大图书
微信公众号	ss_book
电 子 信 箱	ss@pup.pku.edu.cn
电　　　话	邮购部 010-62752015　发行部 010-62750672 编辑部 010-62753121
印 　刷　 者	天津中印联印务有限公司
经 　销　 者	新华书店
	730 毫米×980 毫米　16 开本　15.75 印张　179 千字 2023 年 5 月第 1 版　2023 年 5 月第 1 次印刷
定　　　价	48.00 元

未经许可，不得以任何方式复制或抄袭本书之部分或全部内容。
版权所有，侵权必究
举报电话：010-62752024　电子信箱：fd@pup.pku.edu.cn
图书如有印装质量问题，请与出版部联系，电话：010-62756370

导　言

　　人类社会离不开劳动，劳动是人类发展和社会进步的根本力量。正是劳动创造了人，让人类脱颖而出。正是在劳动中，人类维系了自身、改造了自然、创造了社会、创构了世界。

　　马克思主义是以劳动为核心关键词的学说，中国共产党是始终重视劳动的政党。党的二十大报告有几处提到劳动，指出要"坚持尊重劳动、尊重知识、尊重人才、尊重创造"，"在全社会弘扬劳动精神、奋斗精神、奉献精神、创造精神、勤俭节约精神，培育时代新风新貌"，"使人人都有通过勤奋劳动实现自身发展的机会"，"健全劳动法律法规，完善劳动关系协商协调机制，完善劳动者权益保障制度，加强灵活就业和新就业形态劳动者权益保障"，等等。劳动教育是新时代中国共产党人对教育的新要求，是中国特色社会主义教育制度的重要内容，是全面发展教育体系的重要组成部分。

　　应该看到，在强调劳动重要性的同时，社会上对劳动的价值定位、对劳动者的主体地位等方面的模糊认知还是存在，日常生活中忽视劳动、不愿劳动、逃避劳动甚至敌视劳动的错误观念依然存在。进一步思考还会发现，我们对劳动虽然熟知却不一定深知真知，劳动问题依然是一个既简单又复杂的问题，劳动论题尚有许多维度值得深度挖掘。

在新时代开展劳动教育需要讲清楚哪些方面的劳动理论，这无疑是一项值得系统研究和深入回答的时代课题。《新时代劳动理论十六讲》正是回应这一时代课题的尝试。全书共十六讲，具体内容如下：

第一讲"新时代马克思主义劳动理论五题"聚焦新时代马克思主义的劳动理论，从新时代劳动为什么依然重要、新时代需要什么样的劳动、如何看待劳动者的地位、如何构建和谐劳动关系和新时代应弘扬哪些劳动的精神等五个方面，系统呈现了当代中国马克思主义关于劳动的重要论述，是本书的"指导思想篇"。

第二讲至第五讲则回到马克思主义经典作家的劳动理论，构成本书的"理论基础篇"。第二讲"马克思恩格斯的劳动理论"从总体上分六个方面全面介绍了经典作家的基本观点，并结合新时代的背景进行了深入解读。第三讲"马克思唯物史观叙事中的劳动正义"挖掘了马克思的劳动正义思想，强调了唯物史观以劳动正义为前提的自由向度和解放维度。第四讲"劳动形态的演变与人的自由的实现"按照采猎劳动、生产劳动和自由劳动的发展脉络，展现了马克思所描绘的人在劳动中通往自由的历史图景。第五讲"马克思对劳动之于人的意义的澄明"认为马克思确证了劳动之于人的意义的三个事实，揭示了意义世界在人的劳动过程中的生成。

第六讲至第八讲可以看作本书的"历史回顾篇",呈现了从五四时期一直到新时代中国共产党人的劳动观。第六讲"五四时期知识群体关于劳动问题的认知"回顾了"劳工神圣"思想的源流,展示了五四时期马克思主义劳动观念被接受和"走向群众"的实践过程。第七讲"中国共产党人对劳动精神的弘扬和培育"则回顾了中国共产党百年历史的进程,得出了弘扬劳动精神是中国共产党一贯的精神传统的结论。第八讲"社会主义文化中的劳模精神传承"在指出社会主义文化把劳动变成具有美感的行为后,展示了不同时期社会主义文化中的劳模精神传承。

第九讲至第十二讲分析当下的劳动状况和劳动权益保障,可以看作本书的"当下问题篇"。第九讲"马克思主义劳动价值论审视下的人工智能"以马克思劳动价值论为基础,介入"人工智能是否会替代人类劳动"的讨论中。第十讲"智能系统的'劳动'与人的劳动权利"直面智能系统的"类人智能"和其自主性日益增强的现实,分析了其对广大劳动者的生存境遇、就业前景、劳动权利和幸福指数的深刻影响。第十一讲"劳动权益的宪法基础与法律保障"对《中华人民共和国宪法》和《中华人民共和国劳动法》涉及劳动和劳动者的基本内容进行了讲解,清晰明了地说明了劳动者的法律保障。第十二讲"创新、创业与创投"把人类劳动史看作创新创业史,简明扼要地阐明了创新、创业与创投的基本理论。

第十三讲至第十五讲是"辨析明理篇",围绕着关于劳动的一些命题和观念展开,坚持以问题为导向进行理论回应。第十三讲

"'反劳动'的文化症候及其诊断"分析了把劳动的价值、意义虚无化的观念表现,探讨了解决"反劳动"文化症候的思路。第十四讲"'劳动创造幸福'的真实意蕴"在区分快乐和幸福的基础上,阐明了劳动在何种意义上创造幸福的问题。第十五讲"'教育与生产劳动相结合'命题的时代诠释"对人的全面发展教育思想的一个重要命题进行了重新理解,明确了在新的时代背景下贯彻这一命题的实践要求。

最后一讲即第十六讲"新时代劳动教育的历史传承、基本要求和实践路径",可以说是"教育实践篇",在简要回顾中国劳动教育历史传承的基础上,提炼概括了新时代劳动教育的基本内涵和实践路径,指出应着力培养学生的劳动精神、劳模精神和工匠精神,引导学生形成满足生存发展需要的基本劳动能力和良好的劳动习惯。

总体而言,《新时代劳动理论十六讲》这本书坚持以马克思主义劳动理论为指导,追求理论深度,坚持问题导向,从马克思主义理论、哲学、历史学、经济学、法学、教育学等多学科视角出发,力求通过探讨劳动自由、劳动意义、劳动正义、劳动精神、劳动幸福、智能劳动、劳动保障、劳动教育、劳动创业等众多话题,初步呈现一个正确认识和把握劳动问题的理论框架。

希望这本书能够成为一本值得借鉴的劳动教育教学参考用书,以帮助关注劳动问题、思考劳动问题的读者全方位把握劳动理论。

目 录

第一讲　新时代马克思主义劳动理论五题 / 陈培永　001
　一、劳动在新时代为什么依然重要？　002
　二、新时代需要什么样的劳动？　006
　三、新时代如何看待劳动者的地位？　009
　四、如何构建新时代和谐劳动关系？　012
　五、新时代应弘扬哪些劳动的精神？　015

第二讲　马克思恩格斯的劳动理论 / 陈培永　019
　一、"劳动"：既古老又现代的范畴　020
　二、劳动创造了人类社会　023
　三、究竟何谓"异化劳动"？　027
　四、资本和劳动的辩证法　031
　五、从按劳分配到按需分配　034
　六、劳动解放的前景　037

第三讲　马克思唯物史观叙事中的劳动正义 / 刘同舫　041
　一、劳动正义的层级结构　042

二、劳动"非正义性"的前提批判与历史解构　　046
三、劳动关系悖论的求解与劳动正义的实现　　049
四、劳动生产形态的转变与劳动正义问题的重置　　052

第四讲　劳动形态的演变与人的自由的实现　／宋朝龙　056
一、从采猎劳动到创造性实践的出现　　057
二、生产劳动蕴含自觉创造和体力耗费的两重性　　062
三、自由劳动与人的自由全面发展的实现　　066

第五讲　马克思对劳动之于人的意义的澄明　／陈筠淘　070
一、正确理解劳动之于人的意义的方法论肇始　　071
二、确证劳动之于人的意义的三个事实　　075
三、意义世界在人的劳动过程中的生成　　078

第六讲　五四时期知识群体关于劳动问题的认知　／赵　诺　084
一、士农工商"四民"顺序的历史之变　　085
二、近代中国"劳工神圣"思想的源流　　089
三、马克思主义劳动观念的接受与"走向群众"的实践　093

第七讲　中国共产党人对劳动精神的弘扬和培育　／宇文利　098
一、明确无产阶级的劳动属性　　099
二、唤起劳动者觉悟　　101
三、培育劳动观念　　104
四、增强劳动者意识　　106
五、提倡劳动精神　　108

| 目 录 |

第八讲　社会主义文化中的劳模精神传承　／张慧瑜　　112
　　一、劳模精神是社会主义文化的重要构成部分　　113
　　二、新民主主义革命时期的大生产运动与劳模精神　　116
　　三、社会主义革命和建设时期的劳模运动　　119
　　四、改革开放和社会主义现代化建设时期的劳模发展　　122
　　五、中国特色社会主义新时代的劳模精神　　124

第九讲　马克思主义劳动价值论审视下的人工智能　／封世蓝　　127
　　一、古典政治经济学的劳动价值论　　128
　　二、马克思对劳动价值论的继承发展　　131
　　三、人工智能并没有证伪劳动价值论　　136

第十讲　智能系统的"劳动"与人的劳动权利　／孙伟平　　140
　　一、智能系统的"劳动"与"劳动优势"　　141
　　二、技术性失业潮、"社会排斥"与"无用阶层"　　146
　　三、智能时代下人的劳动权利保障　　151

第十一讲　劳动权益的宪法基础与法律保障　／阎　天　　156
　　一、劳动权益的宪法基础　　157
　　二、劳动权益的法律保障　　162

第十二讲　创新、创业与创投　／王在全　　173
　　一、创新与创业　　174
　　二、创业与创业者　　177
　　三、创业与创投　　180

第十三讲　"反劳动"的文化症候及其诊断　/ 张　梧　184
　　一、剖析"打工人"话语　185
　　二、反思"内卷"话语　189
　　三、审视"躺平"话语　194

第十四讲　"劳动创造幸福"的真实意蕴　/ 何云峰　201
　　一、幸福与快乐是两个不同的概念　202
　　二、劳动在何种意义上创造幸福　206
　　三、劳动创造幸福是一个永续的过程　210

第十五讲　"教育与生产劳动相结合"命题的时代诠释　/ 檀传宝　215
　　一、有关"教育与生产劳动相结合"的经典论述　216
　　二、对"教育与生产劳动相结合"命题的误读　220
　　三、新时代"教育与生产劳动相结合"的合理诠释　222

第十六讲　新时代劳动教育的历史传承、基本要求和实践路径　/ 陈文旭　227
　　一、新时代劳动教育的历史传承　228
　　二、新时代劳动教育的基本要求　232
　　三、新时代劳动教育的实践路径　236

后　记　239

第一讲　新时代马克思主义劳动理论五题

陈培永[*]

本讲摘要：推动人类社会进步，有科学、技术、资本、管理等多种力量，但根本力量是劳动。总结人类文明进步的规律，上升到规律的层面上而不是停留在表象上，就能看出劳动光荣、创造伟大。劳动本身是创造的过程，新时代需要辛勤劳动、诚实劳动，需要创造性劳动。与"辛勤劳动"相对的是不辛勤、懒惰，与"诚实劳动"相对的是不诚信、弄虚作假，而"创造性劳动"针对的是因循守旧的机械化劳动。不能固定化地理解工人阶级，科技进步条件下的工人阶级不是越来越无足轻重，而是正在成为掌握高新科学技术的劳动者。在劳动关系上要最大限度地增加和谐因素，构建和发展和谐关系，促进社会和谐。劳动精神、工匠精神、劳模精神三者针对的主体不同，要求不同，但这并不代表着必须是劳动者才会有劳动精神，必须是工匠才会有工匠精神，必须是劳模才会有劳模精神。不是劳动者，也可以有劳动精神；不是工匠，也可以有工匠精神；没有被评为劳模，也可以有劳模精神。

---

[*] 陈培永，北京大学马克思主义学院教授、博士生导师、副院长。

作为当代中国马克思主义、21世纪马克思主义，习近平新时代中国特色社会主义思想继承发展了马克思主义劳动理论，回答了中国特色社会主义新时代劳动为什么依然重要、新时代需要什么样的劳动、应如何看待劳动者尤其是工人阶级的地位、如何构建和谐的劳动关系、应弘扬哪些关于劳动的精神等问题，值得我们深入学习领会。

一、劳动在新时代为什么依然重要？

从人类社会的历史与未来的层面讲，习近平指出，"人类是劳动创造的，社会是劳动创造的"①。劳动创造了人类，创造了社会，这个观点跟马克思主义经典作家的观点是一脉相承的。他还强调，"劳动是推动人类社会进步的根本力量"②，"劳动光荣、创造伟大是对人类文明进步规律的重要诠释"③。推动人类社会进步，有很多种力量，包括科学、技术、资本、管理，但根本力量是劳动。总结人类文明进步的规律，上升到规律的层面上而不是停留在表象上，就能看出劳动光荣、创造伟大。

我们知道，唯物史观一直强调的是人民创造世界历史，这里的人民，主要讲的就是劳动者、劳动群众。但在经典作家的著作中，

---

① 习近平：《在知识分子、劳动模范、青年代表座谈会上的讲话》，《人民日报》2016年4月30日，第2版。
② 习近平：《习近平谈治国理政》第1卷，外文出版社2018年版，第44页。
③ 习近平：《在庆祝"五一"国际劳动节暨表彰全国劳动模范和先进工作者大会上的讲话》，《人民日报》2015年4月29日，第2版。

很少把人民和劳动合在一起去讲，即使在讲人民史观或群众史观的时候，劳动也往往是缺席的。"人民创造历史，劳动开创未来"①这一论述把劳动和人民放在一起，既强调了人民是历史的创造者，又强调了劳动是未来的开创力量，无疑是对唯物史观表述的发展。

从民族复兴、建成社会主义现代化强国的层面讲，"全面建成小康社会，进而建成富强民主文明和谐的社会主义现代化国家，根本上靠劳动、靠劳动者创造"②。当下中国已全面建成小康社会，开启了全面建设社会主义现代化国家新征程，比历史上任何时期都更接近中华民族伟大复兴。如何实现社会主义现代化，实现民族复兴中国梦，"根本上""归根到底"还是靠劳动，这无疑是从国家、民族前途的角度对劳动重要性的高度肯定。

新中国成立以来中国取得的成就，改革开放以来中国取得的成就，全面建成小康社会的成就，是劳动者用自己的辛勤汗水浇灌出来的，这一点应该会得到广泛认同。但不一定能形成共识的是：在全球化时代，在开放的世界市场中，我国是否还需要劳动者的劳动？如果完全可以靠技术、靠金融、靠信息、靠智能或者靠中国资本的全球空间扩张，来实现中华民族伟大复兴和社会主义现代化，为什么还要强调劳动？

国家富强、民族振兴、人民幸福，不可能不发挥劳动的作用。当然，劳动的形式已经发生很大变化，不能以为劳动永恒地只是

---

① 习近平：《习近平谈治国理政》第 1 卷，外文出版社 2018 年版，第 44 页。
② 习近平：《在庆祝"五一"国际劳动节暨表彰全国劳动模范和先进工作者大会上的讲话》，《人民日报》2015 年 4 月 29 日，第 2 版。

简单的、机械的形式；相反，它已经越来越体现出创新性的、高新技术的、智能化的特点。但无论劳动形式如何变化，都不能因此否定农业劳动、工业劳动的重要性。科学、技术、智能包括资本，离开这样的劳动，都不可能发挥出作用。在新冠病毒感染暴发后，可以明显感受到，农业劳动、工业劳动是起支撑作用的，靠金融资本、靠虚拟经济支撑的国家，在满足本国民众基本需要和生命保障上都会遇到难题。一个国家真正的财富，不是拥有了多少货币，拥有了多少金融产品，而是在于土地等自然资源以及这个国家的劳动者的劳动。

从人类社会、从民族和国家的角度，我们会承认劳动很重要，但从个人生活的角度看，劳动的重要性可能就不一定会被所有人所承认。总有人会认为，劳动代表着辛苦、劳累，休闲、娱乐才好，劳动往往都是因为被生活所迫，没有人愿意主动去劳动。那怎么看待劳动对于个人的价值和意义呢？习近平指出，"劳动是一切成功的必经之路"[1]，"生命里的一切辉煌，只有通过诚实劳动才能铸就"[2]。个人的成长成才，归根结底靠的也是劳动。通往成功的路上一定会有劳动，通过劳动成就的辉煌才是最可靠的辉煌。我们得看到成功背后付出的劳动，看到人生辉煌也是通过劳动铸就的。

劳动是财富的源泉，也是幸福的源泉。习近平还强调了劳动与

---

[1] 《习近平在乌鲁木齐接见劳动模范和先进工作者、先进人物代表 向全国广大劳动者致以"五一"节问候》，《人民日报》2014年5月1日，第1版。

[2] 习近平：《习近平谈治国理政》第1卷，外文出版社2018年版，第46页。

财富、幸福的关系。一个人拥有财富不一定就是成功的，财富可以作为幸福的基础，但获得财富不一定就能获得幸福，有的时候，为了获得财富可能会牺牲自己的幸福。强调劳动既是财富的源泉，也是幸福的源泉，是要把劳动和幸福关联起来，而不是把劳动只看作财富的源泉，把劳动变成财富的附庸。

"幸福不是毛毛雨，幸福不是免费午餐，幸福不会从天而降。人世间的一切成就、一切幸福都源于劳动和创造。"① 劳动与一个人的成功、辉煌、财富、幸福都是关联在一起的。"一切劳动者，只要肯学肯干肯钻研，练就一身真本领，掌握一手好技术，就能立足岗位成长成才，就都能在劳动中发现广阔的天地，在劳动中体现价值、展现风采、感受快乐。"② 对我们来讲，虽然并不一定马上就能在劳动中体现价值，展现风采，感受快乐，但一旦真正掌握了劳动的技能，在工作和职业中找到了成就感，就会越来越感受到人生的价值。生活中的幸福，当然是一种幸福；工作中获得的幸福，可能是一个人更高层面的幸福，是会得到更大成就感的幸福。

可以看出，习近平不仅从人类社会与人类历史、从民族复兴与强国的高度强调了劳动的重要性，而且从每个人的成长成才、辉煌幸福的角度强调了劳动的重要性。他从宏观到微观，从人类、国家到个体，对新时代为什么还需要劳动，给出了令人信服的回答。

---

① 中共中央文献研究室编：《习近平关于青少年和共青团工作论述摘编》，中央文献出版社2017年版，第92—93页。
② 习近平：《在庆祝"五一"国际劳动节暨表彰全国劳动模范和先进工作者大会上的讲话》，《人民日报》2015年4月29日，第2版。

二、新时代需要什么样的劳动？

新时代需要什么样的劳动？每个人结合自己的专业和兴趣爱好，对自己所从事的劳动有所设想、有所期待，这无可厚非。但从国家、从民族的角度出发，对所需要的劳动肯定有不同的要求。

从劳动的形式看，体力劳动和脑力劳动都很需要。"在我们社会主义国家，一切劳动，无论是体力劳动还是脑力劳动，都值得尊重和鼓励；一切创造，无论是个人创造还是集体创造，也都值得尊重和鼓励。"① 新时代所需要的劳动，既包括体力劳动，也包括脑力劳动。在漫长的人类社会历史阶段中乃至今天，也一直存在着体力劳动的地位低于脑力劳动，脑力劳动代表着高科技、高层次的劳动，体力劳动是机械的、没有什么技术含量的劳动的观念。

我们当然需要脑力劳动，但也不能轻视体力劳动，况且现在的体力劳动已经不再像以前那样单纯依靠体力了，也已经开始具备技术含量。当前，大数据、人工智能、云计算、区块链等新兴技术，正以新的形式重组和重塑着人类社会的生产生活，这些新兴技术的运用和发展创造了许多新的工作岗位，虽然这些行业更多需要的是脑力劳动，但也不可能离开体力劳动。

我们要摆脱对劳动的固定化理解。传统行业与新兴行业都是不

---

① 习近平：《在庆祝"五一"国际劳动节暨表彰全国劳动模范和先进工作者大会上的讲话》，《人民日报》2015年4月29日，第2版。

可或缺的，劳动本身也没有孰高孰低之分。应该扭转社会上存在的唯脑力劳动论、体力劳动卑贱论、体力劳动简单论等错误认识，平等地看待体力劳动和脑力劳动，同等地尊重体力劳动者和脑力劳动者。要相信，"三百六十行，行行出状元。任何一名劳动者，无论从事的劳动技术含量如何，只要勤于学习、善于实践，在工作上兢兢业业、精益求精，就一定能够造就闪光的人生"①。

为什么要突出强调个人创造和集体创造都值得尊重和鼓励呢？这与我们对劳动过程的理解有关。有观念认为，个人所进行的劳动和创造是属于我个人的，而参与的集体劳动、集体创造则无法计算个人贡献。一些人或者机构会对个人创造给予充分的认可，而对参与集体劳动创造贡献的成员缺乏激励。这种观念是需要改变的，对参与集体劳动而创造出劳动成果的劳动者，应该给予尊重和鼓励。劳动过程必然要形成人与人之间的联系，很多劳动往往都是一种联合的、合作的过程，尤其是今天的一些大工程、大项目，必然需要集体劳动，必然要求每个人各司其职、各尽其能。因此，要尊重和激励参加集体创造的个人劳动，进一步鼓励个体参与到集体创造中。

从劳动的要求看，新时代需要"辛勤劳动、诚实劳动、创造性劳动"。与"辛勤劳动"相对的是不辛勤、懒惰，我们要努力消除的是好逸恶劳，总渴望天上掉馅饼的观念。"辛勤劳动"是中华民族优良传统中一直强调的重要理念。中华民族是勤劳的民族，从

---

① 习近平：《在知识分子、劳动模范、青年代表座谈会上的讲话》，《人民日报》2016年4月30日，第2版。

古至今一直强调勤劳，辛勤劳动可以理解为对传统文化价值观念中劳动要求的传承。

强调"诚实劳动"，可以说与商品生产、市场经济的运作相关，它的对立面是不诚信、弄虚作假。商品生产是为价值而不是为使用价值进行的生产，如果没有有力规制，容易导致伪劣产品、有毒有害食品的出现，强调诚实劳动是有现实针对性的。社会主义市场经济，不仅是法治经济，还应该是道德经济，它要求市场主体、要求劳动者进行诚实劳动。正是在这层意义上，诚实劳动是有现实针对性的，是应该被弘扬的。"人世间的美好梦想，只有通过诚实劳动才能实现；发展中的各种难题，只有通过诚实劳动才能破解；生命里的一切辉煌，只有通过诚实劳动才能铸就。"①

"创造性劳动"针对的是没有创造性的劳动、因循守旧的机械化劳动。在个别场合，与辛勤劳动、诚实劳动并列的是科学劳动，用创造性劳动来代替科学劳动，是有一定道理的。科学劳动强调遵循科学、注重规律的劳动，强调要遵守一定的程序，要按照一种规划好的设计来进行劳动。创造性劳动本身包含着科学劳动的意思，因为如果不进行科学劳动，就很难真正地进行创造性劳动。但科学劳动并不能凸显出"创造性"的要求。

劳动本身是创造的过程，新时代尤其注重劳动的创造性，劳动与创造经常被放在一起讲。创造性劳动，也是符合我国现在的经济社会发展要求的，尤其是中国已经在世界舞台上占据重要位置，进入创新型国家行列，与之相匹配的是要增强我国的国际竞争力，

---

① 习近平：《习近平谈治国理政》第1卷，外文出版社2018年版，第46页。

要建成社会主义现代化强国，就必须拥有核心科技，引领创造、引领创新，这是立足中国实际、面向未来发展的要求。

从劳动的追求目标看，新时代需要"排除阻碍劳动者参与发展、分享发展成果的障碍，努力让劳动者实现体面劳动、全面发展"①。这种体面劳动体现出我们对未来劳动环境、劳动过程、劳动收入、日常生活等方面的目标追求，至少要摆脱被逼无奈的、强度大的、收入很低的那种劳动。人的全面发展，是马克思、恩格斯对未来共产主义社会的一种理想设想。人的自由而全面发展的前提，是人的劳动的自由，是劳动获得解放。没有劳动的自由和解放，就谈不上全面发展。现代社会无疑离这个目标还有距离，一些人的劳动可能只是有利于劳动者单方面的、单维度的发展，而不是全方位的发展。

未来的劳动一定是使人全面发展的，而且我们已经看到了这个苗头。现在面向中小学生的各种培训班越来越多，比如钢琴班、舞蹈班、跆拳道班、编程班等。这些课程看似增加了孩子们的负担，但确实可以帮助人的全面发展。相信随着中国社会的进步，劳动者的全面发展必将实现。

三、新时代如何看待劳动者的地位？

新时代要看到劳动者的素质对于国家发展和民族发展的重要性，"劳动者素质对一个国家、一个民族发展至关重要。当今世界，

---

① 习近平：《习近平谈治国理政》第 1 卷，外文出版社 2018 年版，第 46 页。

综合国力的竞争归根到底是人才的竞争、劳动者素质的竞争"①，"劳动者的知识和才能积累越多，创造能力就越大。提高包括广大劳动者在内的全民族文明素质，是民族发展的长远大计。面对日趋激烈的国际竞争，一个国家发展能否抢占先机、赢得主动，越来越取决于国民素质特别是广大劳动者素质"②。一个国家的发展，不可能是由少数人所决定的，只强调少数人的贡献，看不到各行各业广大劳动者的贡献，是有问题的。没有广大劳动者素质的提升，国家就产生不了国际竞争力，整个国家、整个民族就无法发展。

谈到劳动者的重要性，就要讲工人阶级的地位和作用。习近平有一段很重要的论述："在当代中国，工人阶级和广大劳动群众始终是推动我国经济社会发展、维护社会安定团结的根本力量。那种无视我国工人阶级成长进步的观点，那种无视我国工人阶级主力军作用的观点，那种以为科技进步条件下工人阶级越来越无足轻重的观点，都是错误的、有害的。不论时代怎样变迁，不论社会怎样变化，我们党全心全意依靠工人阶级的根本方针都不能忘记、不能淡化，我国工人阶级地位和作用都不容动摇、不容忽视。"③

这段话对工人阶级的地位和作用进行了强调。中国共产党以马克思主义为指导思想，为什么把工人阶级看作政党的阶级基础？原因正在于，工人阶级代表着历史发展的趋势。人类社会的工业

---

① 习近平：《在全国劳动模范和先进工作者表彰大会上的讲话》，《人民日报》2020年11月25日，第2版。

② 习近平：《在庆祝"五一"国际劳动节暨表彰全国劳动模范和先进工作者大会上的讲话》，《人民日报》2015年4月29日，第2版。

③ 同上。

化进程，会让更多的人成为工人阶级，工人阶级成员之间会建立密切联系，会不断地接受最先进的科学技术。所以，共产党人要把工人阶级作为领导阶级来看待，要始终代表工人阶级的阶级利益。中国的近现代史见证了工人阶级所扮演的积极角色。

这段话也是对当今社会确实存在着的贬低工人阶级地位的错误观念的回应。不能固定化地理解工人阶级，无视我国工人阶级的成长进步，以为科技进步条件下工人阶级越来越无足轻重。事实上，工人阶级一直在发生变化。不以发展的眼光看工人阶级，就得不出正确的结论。科技进步条件下的工人阶级不是越来越无足轻重，而是正在成为掌握科技进步的劳动者。科技进步条件之下，工人阶级的科学技术水平也在不断提升。今天的工人阶级与马克思、恩格斯时代的工人阶级，与改革开放之前新中国的工人阶级，已经发生了非常大的变化，要以发展的、面向未来的眼光去看待工人阶级的地位。

谈到工人阶级，我们会容易想到无产阶级。在马克思、恩格斯的作品里，现代无产阶级就是工人阶级。在他们那个时代，无产阶级确实是没有财产，甚至是一无所有的阶级。而随着人类社会的进步和发展，工人阶级已经有了地位的变化和收入的提高，有人因此认为不存在无产阶级了，马克思主义的理论失效了。工人阶级并不意味着就是无财产的阶级，不能够把无产阶级理解成没有财产的阶级。无产阶级的"产"是生产资料，无产阶级是没有自己的生产资料、依靠工资收入的阶级，并不代表其就应该永远没有财产。今天，中国的工人阶级或无产阶级，收入水平、财产情况也得到了很大提升,生活各方面都得到了保障。

改革开放以来,知识分子一直是被作为工人阶级的一部分看待的。知识分子,顾名思义,就是文化水平较高、知识比较丰富的人,其中不少是学有所长、术有专攻、在某个领域某个方面的行家专家。这是对知识分子概念的界定。如果是某个领域、某个行业、某个方面的行家和专家,那就是知识分子。从这个意义上来讲,知识分子可以产生于不同的领域,不仅仅存在于大学校园里。

知识分子要具备什么样的品格和情怀呢?勇立潮头、引领创新,是广大知识分子应有的品格;天下为公、担当道义,是广大知识分子应有的情怀。如何对待知识分子的意见和批评?"只要出发点是好的,就要热忱欢迎,对的就要积极采纳。即使一些意见和批评有偏差,甚至不正确,也要多一些包容、多一些宽容,坚持不抓辫子、不扣帽子、不打棍子。"① 这体现了新时代中国共产党人对作为工人阶级成员的知识分子的地位的重视,也是对知识分子应该发挥什么样的功能、应该扮演好什么样的角色的回答。

四、 如何构建新时代和谐劳动关系?

"劳动关系是最基本的社会关系之一。"② 人类社会最基本的社会关系,应该包括性别关系、民族关系等,很明显,劳动关系也

---

① 习近平:《在知识分子、劳动模范、青年代表座谈会上的讲话》,《人民日报》2016 年 4 月 30 日,第 2 版。

② 习近平:《在庆祝"五一"国际劳动节暨表彰全国劳动模范和先进工作者大会上的讲话》,《人民日报》2015 年 4 月 29 日,第 2 版。

在其中。这个最基本的社会关系，从狭义上讲，就是劳动和资本之间的关系即劳资关系；广义上则包括劳动者之间的关系、劳动者和劳动的服务对象之间的关系。

在劳动关系上努力的方向，总体上就是要最大限度增加和谐因素、减少不和谐因素，构建和发展和谐劳动关系，促进社会和谐。如何做到？首先要站稳立场，要切实维护广大劳动群众的合法权益，帮助广大劳动群众排忧解难，积极构建和谐劳动关系。必须站在广大劳动群众的立场上，如果没有这个立场的话，就很难从根本上去构建和谐劳动关系，为此"要坚持以人民为中心的发展思想，维护好工人阶级和广大劳动群众合法权益，解决好就业、教育、社保、医疗、住房、养老、食品安全、生产安全、生态环境、社会治安等问题，不断提升工人阶级和广大劳动群众的获得感、幸福感、安全感"①。

其次，要破除妨碍劳动力、人才社会性流动的体制机制弊端，使人人都有通过辛勤劳动实现自身发展的机会。要避免社会上出现的"内卷"和"躺平"，就要创造一个依靠辛勤劳动、诚实劳动、创造性劳动能够致富及能有相应收获的局面。我们讲共同富裕，一直都是强调允许一部分人、一部分地区通过诚实劳动、合法经营先富起来，在今天依然要保障通过诚实劳动致富，使非法的、不诚实的劳动不能致富。要坚持社会公平正义，排除阻碍劳动者参与发展、分享发展成果的障碍。

---

① 习近平：《在全国劳动模范和先进工作者表彰大会上的讲话》，《人民日报》2020年11月25日，第2版。

再次，要树立法治观念。法治是和谐劳动关系的基础，能确保劳动者的自身权利得到保障，引领劳动关系走向和谐。劳动关系的处理和劳动争议的解决必须以法治作为基础，必须以遵守法律为前提。个体不能因为自己认为社会不公平正义，就试图采取违反法律的激进方式和手段来解决问题。如果构建和谐劳动关系有过度理想化的追求，可能就会偏离法治的轨道，甚至导致对法治的侵犯。一切问题都应该在遵守法律的基础上来解决。构建和谐劳动关系，要依法保障职工的基本权益，健全劳动关系的协调机制，树立法治观念，增强法律意识，自觉维护社会和谐稳定，要在稳定的基础之上解决有关劳动关系的问题。

最后的落脚点，应该是劳动关系的各方主体各尽其职。第一个主体是工会。"工会是党联系职工群众的桥梁和纽带，工会工作是党的群团工作、群众工作的重要组成部分，是党治国理政的一项经常性、基础性工作"①，"要顺应时代要求、适应社会变化，善于创造科学有效的工作方法，让职工群众真正感受到工会是'职工之家'，工会干部是最可信赖的'娘家人'"②。

第二个主体是企业。确保劳动关系和谐是企业家的重要使命，关爱员工是企业家履行社会责任的一个重要方面。构建和谐劳动关系，既要规制资本和市场的无序扩张，也要发挥企业家的积极性。看到资本无序扩张带来的一些问题，不能否定企业在中国经济社会发展中扮演的角色，不能走向另外一个极端，把资本完全

---

① 习近平：《在庆祝"五一"国际劳动节暨表彰全国劳动模范和先进工作者大会上的讲话》，《人民日报》2015年4月29日，第2版。

② 习近平：《习近平谈治国理政》第1卷，外文出版社2018年版，第47页。

当成是坏的，是恶的。如果不能用好资本，发挥好企业家的积极性，劳动关系也不可能是和谐的。

第三个主体则是工人阶级和广大劳动群众自身。工人阶级和广大劳动群众要发扬识大体、顾大局的光荣传统，正确认识和对待改革发展过程中利益关系和利益格局的调整，正确处理个人利益和集体利益、局部利益和全局利益、眼前利益和长远利益的关系。应保障劳动者个人合法正当的权益，但在呼吁个人利益的时候，也可能会因为追求个人利益最大化而使社会无法进步。因此，对劳动者个人提出要求和规范，也是构建和谐劳动关系的一个重要方面。

劳动关系问题不仅是劳动关系主体的问题，也是全社会的问题。全社会都要贯彻尊重劳动、尊重知识、尊重人才、尊重创造的重大方针，都应认识到劳动没有高低贵贱之分，从事任何一种职业都很光荣。无论时代条件如何变化，我们始终都要崇尚劳动、尊重劳动者，维护和发展劳动者的利益，保障劳动者的权利。只有这样，才能够从根本上构建和谐劳动关系。

五、 新时代应弘扬哪些劳动的精神？

劳动是实践活动，在实践活动中必然会有精神层面的凝聚，这就是在劳动过程中形成的、在劳动者身上体现出来的精神。"在长期实践中，我们培育形成了爱岗敬业、争创一流、艰苦奋斗、勇于创新、淡泊名利、甘于奉献的劳模精神，崇尚劳动、热爱劳动、辛勤劳动、诚实劳动的劳动精神，执着专注、精益求精、一丝不苟、追求卓越的工匠精神。劳模精神、劳动精神、工匠精神是以爱国主义为核心的民族精神和以改革创新为核心的时代精神的生动体现，是鼓舞全党全国各族人民风雨无阻、勇敢前进的强大精神动力。"①

这段话实际上是对劳模精神、劳动精神、工匠精神三种精神内涵的高度概括以及对它们的意义和价值的强调。劳动精神可以说是所有的劳动者都可以凝结的精神，可以作为对所有劳动者的一种普遍性要求。首先要崇尚劳动，热爱劳动，如果劳动者本身就排斥劳动，甚至仇恨劳动，不想去劳动，那肯定不能说其有劳动精神。崇尚劳动和热爱劳动是具备劳动精神的前提，但只崇尚和热爱而不去劳动，不去辛勤劳动、诚实劳动，那也不能说有劳动精神。既爱干又去干，勤劳地、诚实地干，才算是具备劳动精神的体现。

工匠精神也可以概括为四个词，即执着专注、精益求精、一丝不苟、追求卓越。工匠精神显然比劳动精神要求更高，容易想到的是工匠在打造自己作品时忘我投入的那种精神。工匠精神反对的其实是"凑合"、是差不多就行。简单讲，当你做一件事情觉得已经做得很好的时候，你还愿意把它做得更好，这其实就是工匠精神的鲜明体现。工匠精神不一定是只有作为工匠才可能会有的精神，它应该是所有人干成一番事业，成人成才必须具有的

---

① 习近平：《在全国劳动模范和先进工作者表彰大会上的讲话》，《人民日报》2020年11月25日，第2版。

一种精神。

　　劳模精神,从字面意思上说,就是在劳模身上体现出来的精神。劳动模范不是一般的劳动者,"劳动模范是劳动群众的杰出代表,是最美的劳动者"①,"劳动模范是民族的精英、人民的楷模,是共和国的功臣"②。劳动模范是经过一关又一关的程序评选出来的,往往是在各个工作岗位上做出突出贡献的人。因此说,劳模精神的要求更高,相对于工匠精神,劳模精神不仅涉及纯粹的专业技术层面的要求,还有从政治意义上、从社会发展意义上的要求,比如说甘于奉献、淡泊名利。甘于奉献、淡泊名利这样的劳模精神,还符合不符合新时代要求的观点?其实,越是在今天这样的时代,有这样劳模精神的人就越有可能成就一番大的事业。反倒是只看重自己的诉求和利益的人,成为不了这个国家所需要的人,也成为不了这个社会所推崇的人才。

　　总体上说,劳动精神、工匠精神、劳模精神三者针对的主体不同,要求不同,是有一定区别的,但这并不代表着必须是劳动者才会有劳动精神,必须是工匠才会有工匠精神,必须是劳模才会有劳模精神。不是劳动者,也可以有劳动精神。不是工匠,也可以有工匠精神。没有被评为劳模,也可以有劳模精神。劳动精神、工匠精神、劳模精神虽然产生于某个群体,但一定是超越这个群体而存在的。

---

　　① 习近平:《在知识分子、劳动模范、青年代表座谈会上的讲话》,《人民日报》2016年4月30日,第2版。
　　② 习近平:《在全国劳动模范和先进工作者表彰大会上的讲话》,《人民日报》2020年11月25日,第2版。

从这个意义上讲，劳动精神也好，工匠精神也好，劳模精神也好，都是成就一番大事业应该具有的精神。我们要从这个意义上去理解这三种精神，去激发自己的劳动精神、工匠精神与劳模精神。做任何一项工作，从现在开始就要为之赋予精神层面的要求。选择一份职业，一开始或许只是选择了有收入，选择了物质层面的利益；但要把这个工作变成事业，把工作做好，坚持下去，一定得赋予精神层面的东西，才能够让自己成为一个卓越的人，才能在平凡岗位上做出不平凡的业绩。

我们都应"树立辛勤劳动、诚实劳动、创造性劳动的理念，让劳动光荣、创造伟大成为铿锵的时代强音，让劳动最光荣、劳动最崇高、劳动最伟大、劳动最美丽蔚然成风"①。劳动最光荣、劳动最崇高、劳动最伟大、劳动最美丽，在光荣、崇高、伟大、美丽这四个词前面加上"最"，表达了新时代中国共产党人对劳动价值的高度认同。如果能够在全社会形成这样的风气，这个社会肯定是美好的社会，我们的生活也将是美好的生活。我们要把"劳动最光荣、劳动最崇高、劳动最伟大、劳动最美丽"铭记于心，并转化为实实在在的行动。

---

① 习近平：《在庆祝"五一"国际劳动节暨表彰全国劳动模范和先进工作者大会上的讲话》，《人民日报》2015年4月29日，第2版。

第二讲　马克思恩格斯的劳动理论

陈培永

本讲摘要：马克思把劳动理解为人的自由的、有意识的生命活动，劳动是人利用其身上的自然力作用于其之外的自然物质以满足自身需要的活动或运动。劳动过程是"外化"和"对象化"的过程，如果外化的结果、对象化的对象，不再属于劳动者本人，甚至反过来支配劳动者，劳动就变成了异化劳动。资本和劳动关系的解决，最终是要让资本服务于人的生产和生活，要解决人创造出来的资本最后怎么样服务于人，而不是让资本来统治人的问题。按劳分配意味着一个人除了应该扣除的社会公共服务等费用外，他向社会投入的劳动量有多少，他领回的就应该有多少。按需分配的考量在于尊重人的多元化特质和需求，尊重人的不同的潜能。劳动解放，严格意义上不是劳动的解放，而是人从劳动中解放，人从机械化的、异化的、物化的劳动中解放出来，而且不是一些人、不是少数人获得解放，是大多数人的解放、是整个人类的解放。

古往今来，并不是所有的思想家、政治家都推崇劳动。如果说有一套学说是最重视劳动问题、最系统最全面学理化地阐释劳动问题的学说，那这个学说无疑就是马克思、恩格斯创立的马克思主义。马克思主义相对于其他学说的一个重要特征，就是站在劳动者的立场上强调劳动对于人类社会及其历史进程的重要性。我们可以从六个方面来尽可能把握马克思、恩格斯的劳动理论，并结合我们生活的时代进行必要的阐释。

一、"劳动"：既古老又现代的范畴

熟知非真知，我们都知道劳动，但究竟什么是劳动却并不容易讲清楚。马克思指出，"劳动似乎是一个十分简单的范畴。它在这种一般性上——作为劳动一般——的表象也是古老的。但是，在经济学上从这种简单性上来把握的'劳动'，和产生这个简单抽象的那些关系一样，是现代的范畴"[①]。劳动是既简单又复杂、既古老又现代的范畴。应该如何讲清楚呢？

从理想或抽象意义上看，马克思把劳动理解为人的生命活动，人的自由的、有意识的活动。在他看来，人和动物的区别就在于这种自由的有意识的生命活动即劳动。动物利用自然界，会从自然界中拿到一个东西，击退进攻它的猛兽，因此在自然界中引起变化。而人则会用木头制造出房子，住进里面不让猛兽进来，从而改造和支配自然界。人不是单纯地去适应自然界、适应世界，

---

① 《马克思恩格斯文集》第 8 卷，人民出版社 2009 年版，第 27 页。

而是通过更加自觉的、有意识的活动——劳动——来改变这个世界。有了人的劳动之后,自然界发生了根本改变。

从劳动活动的过程看,劳动"是人和自然之间的过程,是人以自身的活动来中介、调整和控制人和自然之间的物质变换的过程。人自身作为一种自然力与自然物质相对立。为了在对自身生活有用的形式上占有自然物质,人就使他身上的自然力——臂和腿、头和手运动起来"①。简单地说,劳动就是本来作为自然力的人利用其身上的自然力——臂和腿、头和手等,来作用于其之外的自然物质以满足自身需要的活动或运动。正是在这个活动中,人把自己从自然界中独立出来,并有意识地作用于自然。而从劳动的目的看,它"是制造使用价值的有目的的活动,是为了人类的需要而对自然物的占有,是人和自然之间的物质变换的一般条件,是人类生活的永恒的自然条件"②。劳动不以人类生活的任何形式为转移,为人类生活的一切社会形式所共有。只要人类社会存在,人都要从事劳动,不断地通过与自然的物质变换过程,维系人和人类社会的存在及发展。

从劳动和生产的关系看,两者有共同点,在个别场合可以通用。人的生产活动有时就是人的劳动活动,马克思写过,"这种活动、这种连续不断的感性劳动和创造、这种生产,正是整个现存的感性世界的基础"③。"感性"一词来自费尔巴哈,青年马克思经

---

① 《马克思恩格斯文集》第 5 卷,人民出版社 2009 年版,第 207—208 页。
② 同上书,第 215 页。
③ 《马克思恩格斯文集》第 1 卷,人民出版社 2009 年版,第 529 页。

常使用，强调的是现实性、物质性、客观性。感性世界就是现实的世界，感性劳动就是现实的、物质性的劳动，与黑格尔唯一承认的抽象的精神的劳动相对应。感性劳动与生产是同一个层面的意思，都是指人作用于自然的活动。

劳动和生产当然也是有差异的。一方面，马克思所讲的生产，不仅包括物质生产，还包括生命的生产（包括生育）、精神的生产，广义上讲的生产关系不仅包含着经济关系，甚至还包含人与人之间的政治关系、社会关系等。生产其实是一个比劳动意蕴更丰富的词。当我们将生产关系的总和称为经济基础的时候，这里的生产其实是广义的生产。另一方面，在马克思的政治经济学中，生产、分配、交换、消费四个环节里的"生产"是狭义的使用，这个环节中有人的劳动，可以说是生产领域的劳动，而在分配、交换甚至消费领域，也存在着人的劳动，这些劳动不应看作"生产"的劳动，劳动一词所包含的内容因此又比生产活动要多。

从劳动与工作、职业的关系看，遵循马克思的方法论，我们在讲劳动的时候，不能只是纯粹地讲古老的劳动或抽象的劳动范畴，要结合我们现代的生活实际去讲劳动。在今天，很多人的劳动都要通过找工作来实现。虽然不是所有时代的劳动都要以工作、职业作为载体，但在现代社会，工作和职业成为劳动的基本载体。马克思其实已经讲到这个话题，他指出，"工人不仅必须为物质的生活资料而斗争，而且必须为谋求工作，即为谋求实现自己的活动的可能性、手段而斗争"[①]。如果一个人空有劳动力，但是找不

---

① 《马克思恩格斯文集》第 1 卷，人民出版社 2009 年版，第 119 页。

到工作也没有办法,所以他必须得为谋求工作而斗争。这意味着,有时候找工作和就业,是没有办法的事情,是必须得做的事情,而且找到的工作和职业也不一定是自己想要从事的。这里的劳动是指谋生劳动,它本身可能不是为了体现自己的价值、人生的意义,可能纯粹是为了工资、收入。

当一些人为了工资去劳动,在工作和职业中感受不到价值意义、成就感的时候,就很容易生成对劳动的否定性态度,甚至有些人会提出"拒绝工作"。但应该想一想,世界上还是有很多的工作和职业,恰恰是能够把劳动的成就感、价值感给呈现出来的。所以,关键是能不能找到适合自己的工作和职业,能不能找到把自己的劳动的成就感和价值感很好地体现出来的工作和职业。因此,并不是所有的工作和职业都是需要拒绝的,需要拒绝的只是让劳动异化的工作和职业,而需要努力的方向是让劳动成为自由自觉的生命活动。

二、 劳动创造了人类社会

我们都知道,没有劳动,就没有人类社会物质财富和精神财富的创造和发展。但在中西方思想史上,劳动一度没有被足够重视。直到近代以来,随着资本主义生产方式的确立和发展,西方思想家才开始强调劳动的价值和意义。马克思、恩格斯无疑给了劳动高度的认可,他们从几个方面进行了论证。

首先,劳动和自然界一起构成了财富的源泉。马克思、恩格斯都专门谈过，当时的政治经济学家把劳动说成是一切财富的源泉，其实是有问题的。劳动和自然界相结合才是一切财富的源泉。不能为了突出劳动的地位、劳动的意义，就认为劳动是一切财富的源泉。人本身也是属于自然的，是自然中的人，劳动力本身也是一种自然力，劳动本身不过是一种自然力即人的劳动力的表现。人在劳动的过程中，有了意识，渐渐地从自然中分离出来，开始有意识地、自觉地把自然当成认识、分析的对象。但我们不能够否定人还是自然产物，人的劳动还是受自然制约的。

可以承认，劳动是财富的源泉之一，但不是一切财富的源泉，劳动和自然界一起才构成一切财富的源泉。正如马克思在《资本论》中所说："上衣、麻布等等使用价值，简言之，种种商品体，是自然物质和劳动这两种要素的结合。如果把上衣、麻布等等包含的各种不同的有用劳动的总和除外，总还剩有一种不借人力而天然存在的物质基质。人在生产中只能像自然本身那样发挥作用，就是说，只能改变物质的形式。不仅如此，他在这种改变形态的劳动本身中还要经常依靠自然力的帮助。"①

在马克思看来，也不能只从财富的角度看劳动，把劳动看作隶属于财富、只是为了财富的活动，"劳动本身，不仅在目前的条件下，而且就其一般目的仅仅在于增加财富而言，在我看来是有害的、招致灾难的"②。如果劳动只是为了增加财富，就必然会使劳动异化。而且，如果没有自己的生产资料，一部分人付出了劳动

---

① 《马克思恩格斯文集》第5卷，人民出版社2009年版，第56页。
② 《马克思恩格斯文集》第1卷，人民出版社2009年版，第123页。

也不一定会拥有财富，具体到人，劳动和自然界是一切财富的源泉，这句话也是有条件的。

其次，劳动创造了人和社会本身。恩格斯的《自然辩证法》中有一部分内容是"劳动在从猿到人转变过程中的作用"，此部分开篇强调，劳动和自然界构成财富的源泉，"但是劳动的作用还远不止于此。劳动是整个人类生活的第一个基本条件，而且达到这样的程度，以致我们在某种意义上不得不说：劳动创造了人本身"①。劳动怎么创造人本身呢？他进行了非常详细的叙述。最早之前一切猿类都只是在不得已的情况下才用两脚行走，直到后来才渐渐成为必然，而这个必然正是因为劳动的需要才推动的。可以说手不仅是劳动的器官，还是劳动的产物。恩格斯认为这是完成从猿到人转变的具有决定意义的一步。这些正在形成中的人开始产生了彼此间想要说些什么的需求，于是语言产生了，然后语言和劳动结合起来，成了两个最主要的推动力。在它们的影响下，猿的脑髓逐渐变成了人的脑髓。随着脑的进一步发育，眼、鼻子、耳朵等感觉器官也进一步发育起来，而且脑的发育让眼、鼻子原本发挥不出来的功能发挥出来了。

随着完全形成的人的出现，一种新的因素——社会便产生了。"劳动本身经过一代又一代变得更加不同、更加完善和更加多方面了。除打猎和畜牧外，又有了农业，农业之后又有了纺纱、织布、冶金、制陶和航海。伴随着商业和手工业，最后出现了艺术和科

---

① 《马克思恩格斯文集》第 9 卷，人民出版社 2009 年版，第 550 页。

学；从部落发展成了民族和国家。法和政治发展起来了，而且和它们一起，人间事物在人的头脑中的虚幻的反映——宗教，也发展起来了。"① 恩格斯的这段话追溯了人类劳动发展的历史顺序，揭示了人类文明的踪迹，正是劳动一步一步地创造了我们现在的国家、法律、宗教、艺术和科学等，推动着人类社会的不断发展。

最后，劳动不仅创造了人和人类社会，还生成了世界历史。马克思讲，"整个所谓世界历史不外是人通过人的劳动而诞生的过程，是自然界对人来说的生成过程"②。自然界本来就有，怎么会对人来说有一个生成的过程？世界历史为什么是自然界对人来说的生成的过程？自然界本来就有，一开始人没有把自然界变成对象，就像我们在一个迷宫里面，虽然身在其中，但是并不能够窥测到整个自然界的面貌。正是通过劳动，人不断推动着人类社会的发展，开始从自然中独立出来，人的意识、人的观念也开始独立出来，开始把自然界当成一个对象，把自然界当成服务于人的目的和意图的资源。也就是说，自然界其实有一个重新被人认识、改造的过程，正是劳动让自然界成为我们的对象，成为服务于人类生活的工具和资源的提供者。人和社会、国家、世界历史在此基础上互相联动，劳动恰恰是其中的中介，人通过劳动塑造了整个世界历史。

---

① 《马克思恩格斯文集》第9卷，人民出版社2009年版，第557页。
② 《马克思恩格斯文集》第1卷，人民出版社2009年版，第196页。

三、究竟何谓"异化劳动"?

了解了劳动的意义、地位之后,我们需要进入现实的劳动过程当中,看看马克思是如何分析他那个时代的"劳动"境遇的。他使用的词是"异化",而这个词也经常被我们有意无意地使用。尽管很多人并不是很确切地知道"异化"到底为何意,却也会抱怨自己在进行异化劳动,已经完全被异化了。

什么叫异化劳动呢?简单说,就是劳动的异化,也就是劳动的异己化。人活着,总要从事劳动,这是人类生存的前提,而人的劳动作为人的活动,必定由内到外显示出来,生成特定的产物、成果或对象,因此劳动过程是"外化"和"对象化"的过程。人的劳动的外化和对象化,不一定就是异化。但是,如果外化的结果、对象化的对象,不再属于劳动者本人,甚至反过来支配劳动者,劳动者不再能从这一过程中确证自身的力量,反而感受到的是奴役和压迫,外化和对象化就变成了异化。具体说来,这种异化劳动主要体现在四个方面:

(1) 人的劳动产品同人相异化。你生产的产品多,不代表你收获的东西就多。你创造的东西不一定是归你所有,归你所消费。这个层面的意思,马克思已经表达得很透彻:"劳动为富人生产了奇迹般的东西,但是为工人生产了赤贫。劳动生产了宫殿,但是给工人生产了棚舍。劳动生产了美,但是使工人变成畸形。劳动用机器代替了手工劳动,但是使一部分工人回到野蛮的劳动,并使另一部分工人变成机器。劳动生产了智慧,但是给工人生产了愚钝和痴呆。"① 为什么会如此?因为在资本主义生产关系下,劳动力是被资本购买的,工人的劳动是资本运作的一部分。人不是为自己劳动,而是为资本劳动,他能收获的只能是生产出来的一小部分。而且,劳动产品会被利用,会被资本吸纳,不断地为资本添砖加瓦,成为资本积累的要素。所以,劳动者生产的产品越多,资本实力就会越雄厚,人就会越来越离不开资本,受到资本的统治。这是一种恶性的循环。

(2) 人的劳动活动同人相异化。劳动过程本身的异化表现在,劳动不是劳动者自主的活动,不是他能够支配的活动。生产商品的现代劳动随着技术、机器、管理越来越进步,分工也越来越精细,而劳动者却变得越来越片面化。他们从事着极其片面的、机器般的劳动。人在这样的劳动中不是肯定自己,而是否定自己。人们没办法在劳动中找到自己的人生价值,只有在劳动之外才感到自在,在不劳动时才觉得舒畅。所以,人们总是寻找一切机会能不劳动就不劳动。结果是,人在吃、喝、生殖,至多还有在居住、旅行等时候,才能感受到人的愉悦和自由。但吃、喝、生殖这些活动只是人的"动物机能",因为动物也从事这些活动。劳动本来是人区别于动物的机能,但现在在运用"真正的人的机能"时,人总觉得自己不像人,而是像动物一样,受苦受累。这就是人的劳动活动同人相异化的结果。

(3) 人的类本质同人相异化。自由的、有意识的劳动是人的

---

① 《马克思恩格斯文集》第 1 卷,人民出版社 2009 年版,第 158—159 页。

生命活动,是人之为人的类本质。人自觉地把自身看作类存在物,与他人进行社会交往,共同过着类生活。但是现在人的类生活变成维持人的肉体生存的手段。劳动的异化,使人为了肉体的存在和享受,不顾类生活,不顾长远利益,不管人与人的对立,不管人与自然的对立。而如果只顾个人的肉体享受,只满足个人的利益,其实与动物并无差异。人不再是人,只在形式上是人,实质上却根本达不到人的标准。自然界不再是人的"无机的身体",自然成为在人之外的、受人摧残的对象,成为人的外在的力量、对立的力量。因为劳动是人与自然的中介,劳动出现了异化,人与自然的统一也就被打破了。人越是通过劳动占有自然界而获得财富,自然界就越受到伤害,人就越是失去它。

(4)人同人相异化。一个人同自己的劳动产品、同自己的劳动活动、同自己的本质的异化,都属于人的自我异化。而人的自我异化必然是通过与他人的现实关系表现出来的,它和人与人的异化是同步的。因为一个人与自己的劳动产品、自己的劳动活动的异化关系,必然涉及另一个人与他的劳动产品、与他的劳动的关系。作为类存在物,人与人之间本应和谐相处、共同分享劳动产品、共同管理劳动过程,但劳动的异化却导致了人与人之间的对立、对抗。而且,这种对立的关系通过特定的统治力量来维系,让人很难去改变,让人以为天经地义。在马克思看来,异化绝不仅仅是某些人的异化,不仅仅是工人的异化,甚至连资本家也是异化的。资本逻辑把所有的人牢牢锁住:人生下来,就要为这种生产关系而苦恼,只不过苦恼的内容不同,有人为他的生存而苦恼，有人则为他已有的钱财如何再生钱而苦恼。

劳动异化的根源是在资本主义生产关系下，生产受资本逻辑的主导，带来的是经济生活、政治生活、观念生活等所有的生活领域的异化。归根结底，异化表征的是"一种非人的力量统治一切"[①]。非人的力量的统治，说明的是人们自己的关系与自己生命的力量成为外在于人的"物"，人被自己的力量与自己的关系所束缚。马克思是站在人类的立场上写作和构思的，他要批判所有人都异化的社会关系和政治制度。对他来说，一部分人成为从事异化劳动的工人，不仅是工人的悲哀，而且是作为整体的人类社会的悲哀。

当然要看到，"异化"这个概念只是马克思在青年时期使用的，在之后的文本中则很少出现。马克思在之后的政治经济学批判的手稿中使用过"物化"（Verdinglichung）一词。"物化"可以从两个方面来理解。一是任何生产和劳动都是个人的物化，"和劳动能力本身不同的一切商品，是以物质形式同人对立着的物，它对人有一定的效用，在它身上固定了、物化了一定量的劳动"[②]。这是中性的含义，指劳动的物化产生了商品，我们的劳动以物质的形式存在。第二层含义是否定性的，就是我自己生产的这个产品成为支配我的工具，商品本身成了支配人和人的关系的那个物化的力量。这个层面的"物化"实际上与马克思所讲的"拜物教"相类似，拜物教不是指我们本身就喜欢购买越来越多的物，痴迷购物、

---

① 《马克思恩格斯文集》第1卷，人民出版社2009年版，第233页。
② 《马克思恩格斯文集》第8卷，人民出版社2009年版，第225页。

不能自拔，它主要是指人被自己生产出来的物所决定，人与人之间的关系被物与物之间的关系所决定。

四、资本和劳动的辩证法

使人的劳动异化的是资本。马克思的政治经济学探讨的核心问题是资本和劳动的关系，这一关系构成了理解现代社会经济运作的最根本性的关系。马克思做出了原创性探索，提供了在今天看来依然很有价值的观点。人类社会并不是一开始就有资本，最初的图景就是人的劳动在自然界中进行生产，生产出来人类社会的一切，也包括资本。《资本论》的第一卷其实就是在回答资本是什么、资本从哪里来、资本要到哪里去的问题。

资本是怎么来的？人在土地上生产，生产出劳动产品。劳动产品多了之后用来交换，因为有了交换，有了交换价值，劳动产品就变成了商品。为了便于商品交换，需要确定特殊的商品来与一切商品进行交换，这个商品最后固定到货币上。本来货币只是用来进行商品交换的媒介，但是当人们发现这个货币可以和一切商品交换的时候，货币便取得了支配性的地位，货币拜物教就出现了。货币不仅可以购买一般商品，还可以购买劳动力这个特殊的商品，这时资本就出现了。也就是说，资本实际上是购买劳动力这个特殊商品的货币。资本与货币的不同，就在于它购买劳动力这个特殊的商品，进一步投入生产更多商品的过程中。我们经常会讲资本是能生钱的钱。为什么它能生钱呢？是因为它购买了劳动力本身。如果你买了一件奢侈品，把它消费了，货币就是货币，它不是资本。

透过整个资本生成的过程，会发现资本归根结底还是劳动，只不过是积累起来的劳动。"资本是由用于生产新的原料、新的劳动工具和新的生活资料的各种原料、劳动工具和生活资料组成的。资本的所有这些组成部分都是劳动的创造物，劳动的产品，积累起来的劳动。作为进行新生产的手段的积累起来的劳动就是资本。"① 但是，劳动成为资本是在一定的社会生产关系中完成的，资本的本质因此是一定的生产关系、社会关系。

实际上，在马克思看来，商品、货币、资本的本质都是关系，资本背后的关系是买者和卖者的关系，是商品的购买者和商品的出售者之间的关系，是劳动力商品的购买者和劳动力商品的所有者、出售者之间的关系。劳动产品、商品、货币等不是资本，但都可以成为资本，只要它们买到了劳动力，就成为资本。"黑人就是黑人。只有在一定的关系下，他才成为奴隶。纺纱机是纺棉花的机器。只有在一定的关系下，它才成为资本。"② 纺纱机当然不是资本，它如何才能成为资本呢？不是纺纱机的主人自己用它，也不是把它卖掉，而是到市场上购买劳动力用其来纺纱，纺纱机就变成了资本。归根结底，必须得有劳动力的加入，必须购买劳动力，才会产生资本。

资本一旦确立了在社会中的主导地位，就一定要把人变成劳动

---

① 《马克思恩格斯文集》第1卷，人民出版社2009年版，第723页。
② 同上。

力,把劳动力变成商品。出售劳动力商品的雇佣工人因此是被生产出来的,劳动力并不向来就是商品,劳动并不向来就是雇佣劳动。只有在资本主义生产方式下,资本和雇佣劳动的关系才会形成。如何看待雇佣劳动的关系呢?马克思为什么说雇佣劳动就是自由劳动呢?它是相对于奴隶劳动来讲的,奴隶劳动当然是不自由的劳动,到了现代社会,雇佣劳动者可以选择给这个人劳动,也可以选择给那个人劳动,因此是自由的。马克思用一种讽刺的口吻讲,劳动力是很自由的,可以自由地选择谁来雇佣自己。工人是以出卖劳动力为其收入来源的,如果不想饿死,就必须得出卖自己的劳动力。

马克思一直坚持的是,劳动是人的生命活动,是人的生命的表现,但是,工人不得不把这种生命活动出卖给资本家,以获得自己所必需的生活资料。因此工人的生命活动对于他不过是使他能够生存的一种手段而已,他是为生活而工作的,他甚至不认为劳动是自己生活的一部分,对于他来说,劳动就是牺牲自己的生活。而且,工人阶级所创造的剩余价值被资产阶级所占有,因为资本购买的不是劳动,而是劳动力。如果资本购买的是劳动,那劳动多长时间,就给多少钱,肯定是公平的、合理的。但资本购买的是劳动力,让劳动力延长劳动的时间和强度,却不支付足额相等的报酬。

马克思就是站在无产阶级的立场上,要求打破这种资本与劳动之间的剥削关系。在今天,不能简单地认为雇佣关系就是剥削关系,雇佣关系存在着合理的因素,这就是人与人之间的分工,有钱的出钱，有力的出力，有技术的出技术，有管理的出管理。这种分工能大大提高生产力，能创造更多的社会财富。无产阶级和资产阶级的关系作为对立统一的关系，是需要通过不断增强统一性、渐渐削弱对立性来解决两者的冲突的。

马克思、恩格斯不会简单地把资本和劳动的关系看成是资产阶级和无产阶级的关系，归根结底他们看到的是人的活劳动和死劳动的关系。资本和劳动的关系表层次反映的是一部分人和另外一部分人的关系，即少数的资产者和大多数无产者的关系，但深层次的则是人自己制造出来的劳动产品和人本身的关系。"在资产阶级社会里，资本具有独立性和个性，而活动着的个人却没有独立性和个性。"[①] 归根结底，资本和权力都是人的劳动的产物，都是用来服务于人的生产和生活的，但现在却成了外在于人的压迫人的对手。资本和劳动关系的解决，最终是要让资本服务于人的生产和生活，要解决人创造出来的资本最后怎么样服务于人，而不是让资本来统治人的问题。

五、从按劳分配到按需分配

面对异化劳动，面对死劳动对活劳动的支配，如何提出解决问题的方案呢？我们很熟悉的是按劳分配和按需分配方案。这两个分配出现在马克思的作品《哥达纲领批判》中。当时德国工人两个政党合并，在哥达这个地方形成了一个纲领，被称为《哥达纲

---

① 《马克思恩格斯文集》第 2 卷，人民出版社 2009 年版，第 46 页。

领》。马克思看到这个纲领里存在着明显的问题，在批判这个纲领时，提出了按劳分配和按需分配的问题。

马克思说的按劳分配就是，"每一个生产者，在作了各项扣除以后，从社会领回的，正好是他给予社会的。他给予社会的，就是他个人的劳动量"[①]。简单说，一个人向社会投入的劳动量有多少，除了应该扣除的社会公共服务等费用外，他领回的就应该有多少，不能够被其他人拿去。马克思认为，资本主义社会也认同按劳分配，认同贡献了多大的劳动力量，就应该获得多高的收入。只是这里的按劳分配只是一个原则性的实现，现实中很多人是实现不了的。工人的工资收入与他付出的劳动量是不匹配的，劳动十个小时可能只能拿到八个小时的钱，有两个小时的劳动量被资本家所占有。也就是说，按劳分配的原则和实践是分离的。

在共产主义社会的第一阶段，马克思认为按劳分配的原则和实践会实现统一，每个人的劳动不再经过迂回曲折的道路，而是直接作为社会总劳动的组成部分，直接能够让劳动者按照自己所付出的劳动获得收入。这意味着，当劳动投入没有获得应有的收益，没有像资本、权力、技术、管理等其他要素获得足够回报的时候，追求按劳分配，是应当的、正当的。

但马克思并不认为按劳分配就是永恒的最好的公平分配原则。因为这个平等的权利总是被限定在资产阶级的框架里，这种按劳分配不承认任何阶级差别，每个人都像其他人一样，都只是被当作劳动者。这很符合拥有资产者把所有人都变成只会劳动的劳动

[①] 《马克思恩格斯文集》第 3 卷，人民出版社 2009 年版，第 434 页。

者的需要。而且,"生产者的权利是同他们提供的劳动成比例的;平等就在于以同一尺度——劳动——来计量"①。这里的平等就在于以劳动这一尺度来计量,劳动多、劳动贡献大,就应该获得多,但正因为此,人与人之间本身就是不平等的了。在按劳分配原则里面,有一个默认的天然特权,那就是人的劳动禀赋。人会存在体力或智力上的差异,如果把劳动作为统一尺度,天生劳动能力强就应该获得更多,这本身就是一种不平等。在按劳分配原则中,人的多元性全部被否定了,或者是说不被重视,只重视人的劳动的能力。

人类社会成员不是同质化的,而是多元化的,不能用同一个标准来衡量和要求。所以,在马克思看来,共产主义社会的高级阶段,将要走向的是按需分配。按需分配意味着什么呢?它意味着依据每个人不同的需要、不同的个性、不同的特长来分配。按需分配的考量在于尊重人的多元化,尊重人的不同的潜能,每个人在共同体中把自己最好的一面呈现出来,这样的社会才是最好的社会。

要实现这个目标,需要很多条件,并不是一下就能够实现的。根本上来说,生产力要增长,集体财富的一切源泉要充分涌流。经常会被质疑的就是:人的欲望是无止境的,怎么可能实现财富的足够丰富?按需分配实际上是有对人的要求的,如果都是贪婪的利己主义者,那是不可能实现的。归根结底,各尽所能、按需分配,千万不能把按需分配理解成我想要什么就得赶快分配给我

---

① 《马克思恩格斯文集》第3卷,人民出版社2009年版,第435页。

什么，得看到前面的"各尽所能"这个条件，你得把你的所能贡献出来，你才能够按需分配，这才是马克思完整表达的；你本来是可以贡献很多的，而你就是不贡献，只想索取，那这个共同体是不可能成立的。

按需分配不是靠人为的、武断的方式就能实现的。马克思批判了"消除一切社会的和政治的不平等"这句话，认为这一不明确的语句应当改成，"随着阶级差别的消灭，一切由这些差别产生的社会的和政治的不平等也自行消失"[1]。为什么要做这个改动？因为实现按需分配，得遵循人类社会发展的客观进程。遵循客观的历史规律，不是主观上想着改变什么就能够改变的。需要生产力的发展，需要生产关系的不断改善，才能迎来阶级关系的消亡，迎来社会政治不平等的结束，最终进入按需分配的共产主义社会高级阶段。唯物史观告诉我们的很重要的道理就是，越想要追求理想的未来社会，越得遵循客观的历史进程，这样才能够防止崇高的社会理想变成一个激进的、阻碍社会进步的要素。

六、劳动解放的前景

劳动解放无疑是马克思、恩格斯的毕生追求，为什么要追求劳动解放？原因正在于，"在奴隶劳动、徭役劳动、雇佣劳动这样一些劳动的历史形式下，劳动始终是令人厌恶的事情"[2]。现代社会

---

[1] 《马克思恩格斯文集》第3卷，人民出版社2009年版，第442页。
[2] 《马克思恩格斯文集》第8卷，人民出版社2009年版，第174页。

的劳动并没能够达到我们所理想的、所设想的那种追求，那种自由自觉的活动，那种能够在其中感受到人生价值和意义的活动，所以我们需要追求劳动解放。

严格来说，劳动解放，不是劳动的解放，而是人从劳动中解放，人从机械化的、异化的、物化的劳动中解放出来。而且不是一些人，不是少数人获得解放，是大多数人的解放、整个人类的解放。马克思、恩格斯要讲的解放肯定是无产阶级的解放，但无产阶级的解放不只是一个阶级的解放，它代表的是全人类的解放。为什么无产阶级的解放就是全人类的解放？有观念认为是因为无产阶级人多，无产阶级的成员最穷、最落后，所以他们解放了，全人类就解放了。其实本质上在于，资产阶级代表的是死劳动，是积累起来的劳动，而无产阶级代表的是活劳动。所以，无产阶级的解放代表着人的活劳动的解放，因此代表着人类的解放。

达到什么状态才算是实现了劳动解放呢？劳动解放是一种什么样的景象？马克思、恩格斯有一段非常著名的话："在共产主义社会里，任何人都没有特殊的活动范围，而是都可以在任何部门内发展，社会调节着整个生产，因而使我有可能随自己的兴趣今天干这事，明天干那事，上午打猎，下午捕鱼，傍晚从事畜牧，晚饭后从事批判，这样就不会使我老是一个猎人、渔夫、牧人或批判者。"[1]

每个人都不是被逼无奈去劳动，而是跟随自己的兴趣去劳动；劳动将不仅仅是谋生的手段，其本身成了生活的第一需要。问题

---

[1] 《马克思恩格斯文集》第1卷，人民出版社2009年版，第537页。

是：劳动作为第一需要，就不讲谋生了吗？谋生是最基础的，但人一定会在谋生劳动的过程中更能够体验到生活的乐趣、人生的价值。我们未来不应该是为了维持生计、必须找到工作去劳动，而应该是个体愿意去工作，让个体的价值和意义能够在劳动中得到呈现。要让越来越多的人在自己的岗位上，在自己的职业中、工作中感受到生活的乐趣，感受到自己的价值被认可的那种成就感。

如何才能够实现劳动解放？马克思、恩格斯曾提出过"消灭劳动"的说法，"共产主义革命则针对活动迄今具有的性质，消灭劳动"①。消灭劳动不能理解为不去工作、不去劳动。"消灭"这个词在马克思的理论中多次出现，不要把它当成肉体上的消灭。"消灭"是改变事物的社会历史形式，比如说消灭私有财产，是要消灭资本占有更多财富而劳动没有办法获得财富的这种生产关系。消灭劳动也是这样，这个劳动是奴隶劳动，是异化劳动，当然需要消灭了。所以真正要消灭的是劳动的异化形式，是剥削的形式、雇佣的形式。保留的劳动，则是那种自由自觉的活动，是那种能够感受到自己价值和意义的有成就感的活动。

要真正地做到劳动解放，马克思、恩格斯提出了必备的条件，"一方面，任何个人都不能把自己在生产劳动这个人类生存的必要条件中所应承担的部分推给别人；另一方面，生产劳动给每一个人提供全面发展和表现自己的全部能力即体能和智能的机会，这样，生产劳动就不再是奴役人的手段，而成了解放人的手段，因

---

① 《马克思恩格斯文集》第 1 卷，人民出版社 2009 年版，第 543 页。

此，生产劳动就从一种负担变成一种快乐"①。从这段话可以看出：一个方面就是需要共同劳动，而不是一部分人劳动、一部分人不劳动；另一个方面是要改变劳动本身，把生产劳动本身变为展现人的能力的机会。

要做到这一点，就要做到人与人之间的联合，"社会化的人，联合起来的生产者，将合理地调节他们和自然之间的物质变换，将它置于他们的共同控制之下，而不让它作为一种盲目的力量来统治自己；靠消耗最小的力量，在最无愧于和最适合于他们的人类本性的条件下来进行这种物质变换"②。如果人和人之间是一种对立和对抗的关系，还存在阶级关系，是不可能实现劳动解放的。劳动的解放，涉及的是自由人联合体或真正共同体的构建。到那时，人类社会也将从必然王国走向自由王国。

---

① 《马克思恩格斯文集》第9卷，人民出版社2009年版，第310—311页。
② 《马克思恩格斯文集》第7卷，人民出版社2009年版，第928—929页。

第三讲　马克思唯物史观叙事中的劳动正义

刘同舫*

本讲摘要：寻求和探明劳动正义的本真内涵与现实表征，贯穿马克思唯物史观叙事的始终。马克思立足于人的存在方式和自由解放的本质需要，在审视人类劳动与人类历史的相互关系中阐明了劳动正义与生产正义、社会正义之间的层级结构，确立了劳动正义在这一结构中的逻辑先在性，并确立了作为劳动正义前提的自由向度和解放维度。他从劳动异化和私有制角度对劳动的"非正义性"进行历史解构与前提批判，揭露了以资本主体为基点、建立在物质利益有用性上的正义价值尺度的弊端，指责"资本正义"原则否定劳动正义本真内涵的内在局限。我们只有在对劳动正义的不断追求中，才能免于资本生产逻辑所制造的异化劳动的消极影响，一以贯之地保持人类本质力量的自我超越性。在现代社会，我们应该坚持以劳动正义的原则扬弃资本和技术力量所奠定的社会公共生活正义观念的规范基础。

---

* 刘同舫，浙江大学马克思主义学院教授、博士生导师、院长。

劳动正义问题是关涉人的生存方式和社会价值的重大议题，在多维学科视野中具有重要的地位。劳动正义伴随着人的存在方式的变迁和社会结构的变动而呈现出不同的形式，这种形式上的多样与其观念上的差异密切相关，实质上反映出了正义诉求背后不同阶级之间的利益关系。劳动正义问题对人的自由本质和劳动力量的深层关怀始终深嵌于历史发展之中，而在资本主义主导的生产方式和社会关系中，"资本正义"与劳动正义之间的矛盾构成重大挑战。马克思唯物史观的构建与其对劳动正义问题的阐发紧密关联，他抓住了资本主义时代劳资关系的轴心，并从人类劳动本质出发，通过审视劳动方式和劳动关系的历史演变来为探讨劳动正义以及其他正义性问题提供真实的起点。马克思劳动正义思想中内蕴解放的叙事、对美好未来社会生活的构想、物质生产走向的规范力量以及对现实社会存在的批判等向度，向我们展现了解读正义思想的重要问题域和研究生长点。

一、劳动正义的层级结构

马克思以"现实的人"为历史出发点，肯定了物质生产劳动之于人的现实存在及其全部生活的基础性地位，创立了唯物史观的基本叙事方式和思维逻辑。其中，"现实的人"如何以劳动的方式存在构成了逻辑起点，劳动对人类的本质规定性构成了一以贯之的逻辑主线，实现劳动自由与正义并推动其转化为人类解放的现实力量构成了逻辑归宿。

马克思始终将劳动正义视为考察人类社会历史正义与否的根本尺度，将劳动正义与生产正义、社会正义的关系问题置于现实的物质生产实践中加以考察。他将人的现实生存境遇同超越现实的价值追求关联起来，在历史进程中彰显出劳动正义在人与世界关系中的逻辑先在性，明确了"现实的人"的劳动在具体生产领域的总体展开，体现了对生产领域和社会生活中正义性思想的观照。

马克思的劳动理论是其阐发劳动正义思想的基石。他立足于人独特的存在方式，在人类劳动与社会历史的互动中，深刻把握人类存在的劳动根基。他在阐述"现实的人"的存在本质时揭示了人在生存、生产过程中对正义的需要，明确了"现实的人"在来源和存在方式上都体现出受动性与能动性的双重特征，展现出自然与社会的双重维度。在他看来，人对正义的需要在实现自身生存发展中会逐层显示出来，即从通过物质生产劳动满足"生活的第一需要"，发展为从事复杂多变的实践活动以实现自身独特生存方式延展的需要，进而在劳动的推动下产生更新、更高级的需要。

在分析人的自然需要与社会需要的相互关系时，马克思认为人的自然需要只有在社会关系中才能真正实现，并犀利地指出现代市民社会中实现人的自然与社会需要的结构性矛盾，这便是个人在社会公共生活中热衷于追求自身的权益而与他人陷入利益冲突。在马克思看来，物质生产是劳动本质力量发展的必然要求，而劳动逐利性则是资本主义发展的必然结果，它阻碍了劳动能力的真正发展，这一指认隐含着马克思对正义价值问题的思考——如何超越自然人纯粹利己需要以满足社会共同体普遍需要。尽管他并未直接论述劳动正义的理论内涵与实现方案，但已经提出人能够且需要按照社会规定的正义尺度和价值进行劳动，并认为只有实现劳动正义才能满足人的本质诉求和现实需要，才能使劳动成为人自身创造历史的实践过程。

马克思将人的劳动理解为有限性与无限性的内在统一，认为劳动的本质力量使人具备了不断超越历史规定、营造自我发展空间、逐步走向解放道路的根本动力。马克思对劳动正义与具体社会生产关系的分析表明，劳动作为人的本质力量在现实社会生活与物质生产领域中具有复杂多变性。他揭开了历史向世界历史行进的一般过程，阐明了社会生产力普遍发展的历史动力，在世界历史的宏大叙事中重新审视人与世界的关系，澄清劳动本质的复杂性，挖掘劳动正义性价值的存在根据。

人与世界的关系主要表现为人与自然的关系、人与人的社会关系两个层面。在人与自然的关系层面，生产劳动使得人在自然存在中超越自身、在与自然的矛盾关系中达成内在统一，使人与世界在世界历史进程中结合为动态的否定性统一关系。在人与人的社会关系层面，马克思在社会关系中考察人与世界的关系，凸显了劳动把人、自然、社会三者辩证统一起来的实践本质，阐释了劳动作为人的存在方式的基础地位，并从劳动正义出发反思了人生存于现实生活世界结构中的深层根据问题。

在马克思的唯物史观叙事中，生产正义是"现实的人"存在方式的核心，生产正义性原则是劳动正义价值的具体化。马克思认为，正义是处于持续创生中的运行原则，劳动正义作为人本质的存在方式和价值追求，内在规定了人感性地确证自身存在过程的现实性。在现实的物质生产过程中，人逐渐认识到劳动正义的需要，但这种自我认识又会使人在生产领域中的劳动正义诉求与私利欲望之间的矛盾变得愈发复杂：他既意识到劳动正义能够契合人本质的存在而推动人走向自由解放，又在具体的劳动活动中因自身生存和发展需要得到满足而不断展开扩张性的物质生产。在人类物质生产的历史中，生产方式的变革和生产关系的调整构成了正义性原则的决定性因素，因而生产正义成为马克思探寻正义原则经济根源和制度前提的新向度，它作为现实变化的层级塑造着多重矛盾关系构成的正义的存在状态，从根本上回应了渗透于人本质力量的劳动正义需要。

在马克思看来，生产正义推动了社会正义主题的形成，折射出劳动正义价值在社会正义主题中的体现程度。唯物史观的社会正义主题旨在通过构建正义的社会关系而走向自由人联合体，潜在肯定了人之发展需要的内在动力，依托以生产方式变革为推动力的构建逻辑来展现社会正义的内涵指向。唯物史观揭示了个体利益与普遍利益的内在冲突，主张只有重构正义的生产方式才能培养人对现实正义的自主认识。马克思认为，生产正义是人类意识对社会关系的反映，决定着社会正义的内容和形态的变迁，由变革生产方式而确立起来的社会正义必定在一定历史时期形成总体的层级结构，即形成社会共同体的正义秩序与基本遵循，社会关系的正义发生变革必定产生影响生产方式及其正义尺度的力量。

马克思的劳动正义思想具有由内及外的层级结构划分，也指向相互对照的多样层级性发展。马克思将劳动视为人的生存根基，在阐释人与世界的现实关系中形成了人、自然和社会"三位一体"的矛盾性结构，其在现实的社会历史进程中表现为劳动正义、生产正义和社会正义深度耦合而成的系统性正义层级结构。在这一结构中，劳动正义作为基始层次，体现了人本质力量的正义需要；生产正义是劳动正义的核心层级，塑造了人类社会现实发展方式的正义原则；社会正义是劳动正义的表层结构，生产正义则衍生出人与社会整体关系的正义规范。

在物质生产领域的核心层次，生产方式与生产关系的复杂矛盾性必定使得劳动正义范畴带有多样性现实特征。随着生产方式的正义问题延展到社会关系的总体层次，马克思转而从社会存在的视角求索现实正义的深层根据，在肯定生产正义为社会正义必要条件的同时，强调基于物质生产发展来获取伦理、政治、文化等领域所滋生的正义观念，促使这些正义观念为社会正义总体的存在提供合理性论证，从而为走向自由人联合体指认正义性存在方式的基础。

二、劳动"非正义性"的前提批判与历史解构

马克思唯物史观的创立与其对异化史观的扬弃是同一历史过程。劳动异化是异化史观的建构基础，构成了马克思批判资本主义社会中非正义性劳动生产的切入点。生产正义和社会正义问题集中表现为：在资本主义社会中，人的本质被遮蔽，劳动活动产

生异化，非正义劳动成为人形成劳动自觉意识的主要障碍。马克思不仅高度评价资本主义社会运作中劳动的历史动力作用，更在对异化劳动的解密中阐明了"资本正义"支配下非正义劳动生产的存在形式与危害，呈现了资本主义私有财产的制度根源和理论前提，最终从劳动异化和私有制的关系视角打开了劳动正义问题的解答思路。

根据生产正义和社会正义在资本主义社会的现实表征，马克思辩证地阐发了劳动的双重属性。一方面，他肯定了生产正义对社会正义的奠基作用，认为物质生产劳动在资本主义社会充分发挥了人的本质力量；另一方面，他又指出资本主义生产方式并未彰显人的本质力量，明晰了资本主义主导的生产正义、社会正义与劳动正义之间的矛盾。在对资本主义生产过程的批判中，马克思意识到劳动成果与产品所有权的分离是资本剥削劳动的必然结果，指认这一后果是资本主义社会中劳动"非正义性"的体现，即人类劳动被动融入资本增殖的同一过程，成为达致资本主义社会正义与生产正义的条件。

在《1844年经济学哲学手稿》中，马克思将研究对象从人类劳动转换到资本主义社会中的"异化劳动"，发现"异化劳动"背后的"现实的人"的存在样态的异化，认为"异化劳动"是对人本质力量的颠倒和异化，在资本主义社会表现为工人阶级的劳动异化。在马克思看来，资本家对工人劳动的剥削是造成劳动"非正义性"的根源所在。在解剖"资本正义"的过程中，马克思从资本主义经济领域的"正义"现象入手，解构了现实生产中的非正义因素。由此,"资本正义"和劳动"非正义性"之间的关联,逐步凸显为"经济正义"与劳动"非正义性"的必然关联。

在经济利益的驱动下,资本逻辑从对生产资源的暴力掠夺转化到对经济活动和金融资源的隐性掌控。资本逻辑逐渐将"资本正义"的目的寄托于经济利益领域,将追求经济利益的最大化、合法化的"经济正义"视为资本"天然正义"的实现。在资本主义"经济正义"的社会关系中,生产劳动最初以占有和获取基本生存资源为目的,劳动正义本质上符合人自由本性的正义价值,但以物质利益和经济效益至上的"经济正义"致使追逐物质财富成为首要目的,社会关系被嵌入经济体系之中,根本体现人自身价值的劳动方式被遮蔽,劳动演化成单纯追求经济利益的现实力量。

在揭示资本主义社会中劳动的非正义性时,马克思展开了对资本主义社会生产方式中的抽象"经济正义"观和现实经济利益关系的双重批判,并对资本主义社会总体关系及其"正义"原则进行深度批判,认为资本生产中劳动的"非正义性"始终与体现人本质力量的"劳动正义"相违背。因此,必须挖掘出深藏于经济利益和社会整体关系中的"合理性"存在根由。针对资产阶级经济学家对资本生产的辩护,马克思通过剖析资本主义经济活动方式和生产关系,创造性地把握了限制资本主义生产力发展的根源——资本本身,即资本增殖固化了经济发展的模式,最终导致非正义的劳动。

马克思还从资本主义私有制的根源处对劳动的"非正义性"进行了前提性批判。他指出,资本主义生产关系中使资本价值得以保存和实现增殖的正义尺度,以及经济生活中人们所渴求的自由、平等的正义秩序，都是资本主义私有制伪造的虚假"外衣"，都要依靠私有制和资本力量共同构筑的"锁链"才能获得保证。资本主义制度本身带有剥削的非正义属性，根源于私有制内生的普遍性社会关系，而剥削的秘密隐藏于生产劳动的合法性支撑之下。马克思批判了资本主义制度的剥削本性及其不断衍生的消极力量，认为私有制度所安排的社会关系遮蔽了劳动的正义性价值需要。他将资本主义社会生产置于人类历史演进的过程中，指明了资本主义生产方式在私有制度支配下无法克服的必然矛盾及其所昭示的暂时性、阶段性的历史"正义性"。

三、劳动关系悖论的求解与劳动正义的实现

劳动正义问题可以揭秘劳动能力与劳动所得之间的悖论：一是从劳动与资本的外在关系分析"资本正义"与劳动正义的异质性矛盾；二是从劳动内部运行的关系探求劳动能力与劳动所得的分立式冲突，并在此过程中从劳动自由和人的自由发展的高度求解劳动关系的悖论，得出资本主义生产方式中劳动关系非正义的阶级性和暂时性特质，明确劳动正义才是真正体现人本质力量的价值诉求。

马克思阐明了实现劳动正义所面临的现实障碍，力求扬弃现实的劳动关系困境，为实现劳动正义奠定基础。劳动关系是社会生产关系中最基本的组成，必然涉及劳动与资本、劳动者与资本持有者之间的关系。马克思对资本主义生产方式中"资本正义"和劳

动"非正义性"内容的阐发,实质上体现了其对劳动与资本关系的深刻理解,证实了生产力发展未能破除"资本正义"对劳动正义诉求的压制。

在马克思看来,生产力的发展致使资本主义生产方式的社会化模式得以巩固,构建了迎合社会生产需要的正义价值体系,掩盖了生产过程中的非正义性实质,抹杀了劳动在生产过程中的正义诉求。资本主义生产方式致力于发掘并极力占有劳动能力,强行催动人的劳动价值与经济利益的增殖需要相一致。资本主义以物质利益为"正义需要"置换了劳动正义的价值理念,强调资本生产劳动的巨大能量,以抽象空洞的"自由""解放"为诱饵将劳动者引向资本的扩大再生产中,以规避审视和质问劳动能力与个人所得之间的关系及其正义问题。资本自身的生产使得劳动的物质利益组成逐渐成为资本主义生产链的重要一环,而劳动正义却被资本积累与经济增长的价值所吞噬,使得资本与劳动能力的交换演变为固定的经济关系。

马克思从交往关系的维度探析资本主义生产关系,洞悉了资本主义社会的本质以及剩余价值生产过程中劳动与资本的深层矛盾。他认为劳动与资本关系的矛盾形式已在剩余价值生产中从资本对劳动的直接占有转变为商品、货币和资本对劳动关系的颠倒。劳动与资本关系的实质在于凭借简单商品交换的"正义原则",抹平了劳动者与资本持有者在现实交往中可能存在的非正义性。劳动与资本的外部关系,促使马克思对劳动内部关系进行省思。他洞察到劳动能力与劳动所得之间的深层矛盾,对比劳动自由理想中的正义价值，从劳动能力的开掘、劳动客观条件的初始持有和劳动成果的实际获取等层面深思劳动内部关系的正义性。

化解劳动关系悖论是马克思观照人类历史和劳动自由的理论主题，最终旨在求解劳动关系悖论中确定真实的劳动正义价值。马克思将劳动视为人的本源性存在方式，将劳动正义置于充实人的现实的生存意义、提升人的生命质量的优先地位，而劳动关系悖论归根究底是劳动与劳动者之间的对立。马克思认为，资本、商品对劳动能力、劳动的客观条件、劳动交换以及劳动成果所得的全面支配，使劳动者的权利在生产的各个环节处于绝对"失语"状态，这与劳动者通过生产过程发挥自身潜能和维护自身权利的诉求相违背。劳动既包含了对人的自由解放的承诺，又隐藏着戕害人性的倾向，体现劳动者本质力量的劳动活动具有促进人的自由的积极意义，而依附于资本逻辑所衍生的生产劳动则具有压制自由的弊病，劳动的这种双重悖论使得劳动关系的理论叙事变得复杂多样。

马克思从契合人自由本性的劳动活动出发，把劳动关系阐明为"现实的人"的存在及其在人类历史进程中自我实现程度的真实反映，在反思现实劳动关系中把握劳动正义价值。唯物史观自创立起就以实现劳动正义价值为重要关切。无论是社会生产和经济发展的问题，还是伦理道德和哲学思辨的难题，都离不开对劳动的现实把握。在马克思看来，劳动构造了现实的社会历史，人与世界之间通过劳动建立起基本价值关系。唯物史观关注人的本质存在及其自我实现，并在历史进程中追求劳动的自由和解放。真正观照人的主体性、体现人文关怀的劳动解放，才是劳动状态和劳动关系正义性的真实表征和价值诉求。

将劳动正义奠基于人的本质存在方式，把劳动的解放阐释为劳动正义的价值诉求，构成了马克思唯物史观叙事中最基本的理论关怀。立足于对资本逻辑和私有制的批判，马克思指出私有财产及其滋生的权力关系是造成贫困问题的根本原因，任何强调劳动与资本关系"自由""平等"的形式都无法改写工人在劳动关系中的被动地位和贫困境遇的历史。马克思将克服贫困问题、实现劳动正义的路径聚焦于消灭资本主义私有制，提出消灭私有制是践行共产主义劳动正义观的首要关切，必须消除私有制的经济根基和政治法权依附，通过对异化现象的批判向人们展示自由解放的境界，使人在对现状的反省中形成将自我意识贯彻到革命、批判的实践中去的思维，达到人对自身本质的"真正占有"。

四、劳动生产形态的转变与劳动正义问题的重置

资本主义生产的扩展加速了人类历史的整体性发展，马克思认识到资本主义生产方式在世界历史阶段中的作用，明确了资本与技术进步的合流及其对劳动生产形态和劳动关系变更的影响，并以此为着眼点揭示了人类社会在世界历史进程中发展的客观规律。随着世界历史的发展，劳动生产形态的新特点在于技术进步成为人与自然关系的中介力量，这种新特征在深层次上指向技术进步中全球劳动关系的变化。资本通过与技术进步的结合实现了对劳

动关系愈加隐秘化的控制，造成并加深了劳动关系中资本积累和劳动收益的分化，扩展了资本对劳动能力的剥削空间。

资本通过与技术的结合确立了新的生产组织方式，这种生产组织方式将人的劳动所创造的价值主要归功于技术进步，以助推劳动方式的变革来实现与所有权相对等的"正义"关系，最终诱导劳动主体在"资本正义"的环境中放弃了对劳动正义的诉求，其实质是对劳动正义问题的消极搁置。技术进步促进了劳动生产力的提高，技术性劳动生产模式推动劳动服务于资本增殖和经济增长的目的，使得劳动正义与"资本正义"之间的冲突得到"消解"。但其背后隐藏着对技术权力的盲目崇拜。

正义价值冲突关系的"消解"前提是劳动的技术构成与劳动方式的解放程度、社会生产的需求相一致，即劳动正义的诉求在资本主义生产方式制造的正义价值形态中得以"实现"。但"资本正义"价值形态归根究底是追求物质利益诉求的观念反映，本身包含深层的内在悖论："资本正义"以劳动的历史性、矛盾性为生产基础，却企图在生产过程中摒弃和遗忘劳动的历史性、矛盾性，坚信技术进步能够激发劳动的无限活力以建立摆脱生产有限性的世界。

在资本逻辑主导的当今全球化社会和技术性劳动关系中，全球性的资本积累和贫困分化在各主体国家之间形成了以"知识产权"为核心议题的新的等级形式。"知识产权"问题事关劳动财产和所有权的主要问题，在全球化以及技术创新时代显得尤为突出。尽管为了与劳动能力和劳动所得之间的正义关系相呼应，确实应该对"知识产权"给予制度形式的保护，但保护"知识产权"的制度仍然为资本逻辑所掌控，这就使"知识产权"变成保护资本持有者的利益，而非维护劳动能力与劳动所得的对等，由此便违背了劳动正义的价值本义。

马克思在阐发劳动能力与所有权分离中说明了私有财产的起源问题，认为私有财产是"劳动借以外化的手段，是这一外化的实现"①，同时指出私有财产是劳动外化的产物，证明劳动的对象化给劳动者在生产领域带来了有限的所有权，而劳动异化则使劳动者全部生活的所有权被无偿占有。"知识产权"是劳动者在一定时期对其成果的所有权，其现实特质及制度安排源于私有财产和私有权理论。在技术性劳动为主的全球化时代，"知识产权"与劳动正义性问题产生密切关联。而在资本逻辑施行支配强权的语境中，资本持有者为了掠夺更多利益，抑制劳动者发出的抗议，从制度层面确定知识生产权力的独占性和成果占有的排他性，实际上是采取资本主义私有财产权的方式、利用技术的高效率来应对知识生产中劳动与资本之间的利益冲突。

罗尔斯认为，正义的主题表现为"社会主要制度分配基本权利和义务，决定由社会合作产生的利益之划分的方式"②，即对"知识产权"的制度设计旨在化解现实的利益冲突，但寄生于资本逻辑关系中的"知识产权"制度本身就是资本持有者的利益主张及其理

---

① 《马克思恩格斯文集》第 1 卷，人民出版社 2009 年版，第 166 页。
② 约翰·罗尔斯：《正义论》，何怀宏、何包钢、廖申白译，中国社会科学出版社 2009 年版，第 6 页。

性选择，知识从产出到转化为现实生产力的过程涉及创造者、传播者和使用者等多方权利主体，不同权利主体力量的悬殊必然导致制度设计向强势的利益主体倾斜，反而造成利益的多元分化和冲突，导致不同主体国家对知识生产中强权倾向的制度惯性和路径依赖，这种全球范围内"知识产权"制度的非正义性在现实的劳动正义问题上必将造成难以弥合的鸿沟。

我们只有在对劳动正义的不断追求中，才能免于资本生产逻辑所制造的异化劳动的消极影响，一以贯之地保持人类本质力量的自我超越性。在现代社会，我们应该坚持以劳动正义的原则扬弃资本和技术力量所奠定的社会公共生活正义观念的规范基础。马克思的劳动正义思想蕴含对社会生活"理应如此"的价值诉求，是从理想的价值状态出发批判现实社会并超越现存状况的实践哲学，促使人们在全球化发展的现代社会中挖掘和培植劳动正义的规范资源并形成价值共识，最终促进人们在社会交往中实现"自由联合"和团结协作。

（本文曾发表于《中国社会科学》2020年第9期，收录本书时有改动）

第四讲 劳动形态的演变与人的自由的实现

宋朝龙[*]

本讲摘要：采猎劳动、生产劳动和自由劳动是人类社会依次更替的三种劳动形态。在采猎劳动阶段，产品是大自然生产的。在生产劳动阶段，产品是人通过劳动资料加工劳动对象的结果。生产劳动既是劳动者作为主体的自觉创造过程，又是劳动者作为客体的体力耗费过程。作为自觉创造，生产劳动创造出一个日益丰富的使用价值体系，它激发了人们对产品的积累欲；作为体力耗费，生产劳动意味着超过一定限度的体力支出、意味着人体作为力学器官被禁锢在自然必然性中，这导致了人们对劳动耗费的逃避。追逐财富和逃避劳动这个矛盾的解决办法和相应的结果就是无偿支配别人劳动的关系，即阶级关系。随着生产劳动转化为自由劳动，体力耗费不再成为生产财富的基础，劳动时间不再成为衡量财富的尺度；逃避劳动和转嫁劳动不再是个人获得自由发展的条件，社会将克服分裂状态而实现自由人的联合。

---

[*] 宋朝龙，北京大学马克思主义学院教授、博士生导师、副院长。

人类历史就是人在自然界中通过劳动而实现的自我生成史。采猎劳动、生产劳动和自由劳动是人类社会依次更替的三种劳动形态。在采猎劳动中，大自然是生产的主体，人只是适应大自然。在生产劳动阶段，人主导生产过程：一方面，人作为自觉创造者把不同的物质运动形式进行分解并重新组织起来；另一方面，人仍然需要作为体力耗费者来参与产品的创造。生产劳动的这种内在二重性又造成了外在的阶级对立。在自由劳动阶段，人把生产变成调动并组织自然的艺术，人从体力劳动中摆脱出来，直接劳动不再是人必须服从的自然必然性，而变成了人类自由发展的条件之一，因而以无偿支配他人劳动时间为内容的阶级权力消亡了。

一、从采猎劳动到创造性实践的出现

太古时代的人类生活资料是由大自然直接提供的，人自身不能独立生产生活资料。那时的人类只能游荡在能随时提供生活资料的热带或亚热带森林中，只有在特别富饶的自然环境里，人才有可能像猿猴那样栖息在某一棵树上。原始人以果实、坚果、根作为食物，火的发现使鱼类、淀粉质的根和块茎也可以通过煨烤来充饥。原始人并非忙着生产食物，而只是忙着找食物，自然条件的优劣决定、引导着原始群的流动方向。如果他们能够找到好的生活富源，那么他们会生活得非常悠闲。

马克思曾引用了一个例子：亚洲群岛东部一些岛屿的森林中长

着野生的西米树,"居民在西米树上钻个孔,确定树髓已经成熟时,就把树放倒,分成几段,取出树髓,再掺水和过滤,就得到完全可以食用的西米粉。从一棵西米树上通常可以采得西米粉300磅,有时可采得500磅至600磅。那里的居民到森林去采伐面包,就像我们到森林去砍柴一样"①。因而这里的劳动生产率是比较高的。如果自然产品被消耗完了,他们就另寻地方;如果寻不着新的生活富源,他们就只有用自然死亡来解决生存危机,也不可能通过劳动时间的增加来独立生产生活资料;因为劳动者不是生产的主体,他们不知道该怎么生产。

产品的生产过程跟人无关,它们是大自然本身进行"自组织"的结果;大自然未经人的协助就提供现成的生活资料。人的劳动既不能改变大自然的生产条件,也不能生产大自然所没有的东西。人的劳动不是把原料加工成产品,而只限于把天然存在的产品采集或猎获到自己手里,无论是从水中捕鱼、从树上摘果子,还是围猎野鹿,都是如此。我们把这种最初以获取现成的天然产物为主的劳动形态叫作采猎劳动。

在采猎劳动的发展中,野蛮人使自己的自然肢体得到发展。野蛮人通过模仿其他动物获取食物的方法,把它们的能力综合到自己身上,这样他们就突破了自己天然的、本能的局限。在采猎劳动中,野蛮人也发明了一些简单的辅助手段。"树木的高大阻碍他采摘树上的果实;寻找食物的野兽和他争夺食物;还有一些凶猛的野兽甚至要伤害他的生命。这一切都使他不得不致力于身体的

---

① 转引自《马克思恩格斯文集》第5卷,人民出版社2009年版,第589页。

锻炼。他必须使自己变成一个灵巧的、奔跑迅速的和勇于战斗的人。树枝、石头等自然武器，不久就到了他的手里。"① 这样，石块、棍棒、兽骨等就慢慢地变成原始人手中的辅助工具。但所有这些工具都是直接服从于消费活动的，它们是借以获取天然消费资料的手段，而不是生产消费资料的手段。

在采猎劳动的基础上，促进发展的因素在继续发挥作用。在克服自然障碍的努力中，原始人不断获得新的品质和新的力量。"随着人类的繁衍，人们的痛苦也就随人数的增加而增加。土壤、气候和季节的差异，必然会使人们不得不把这种差异带到他们的生活方式中去。荒年、漫长而严寒的冬季、炎热的夏季都能够毁灭一切，因而要求他们具有一种新的技巧。在沿海和沿河的地方，人们发明了钓线和钓钩而变成渔民和以鱼为食的人。在森林地带，人们创造了弓箭而变成猎者和善战的人。"② 他们已经能够区别石料的质地差别，在打制石器之后，开始磨制石器；他们对不同类型和品种的动物进行比较，开始驯养并繁殖动物；他们观察植物，保护那些适于食用的植物而铲除那些无用的杂草；他们清除大片的森林，使之变成耕地和牧场；他们进行铁矿石的冶炼，并用牛拉着带有铁铧的犁来从事大规模的田野农业，不但增加而且保证了生活资料的来源；他们精心制作自己的生活资料，发展起了真正的手工业；他们模仿大自然的动作和节奏，把大自然缤纷的色彩点缀在自己身上，这样就发展起了最初的艺术。

---

① 卢梭：《论人类不平等的起源和基础》，李常山译，商务印书馆1962年版，第112页。
② 同上书，第112—113页。

在实践中，人的思维也发展起来了；而思维和语言的形成，概念、判断、推理能力的提高，又反过来提高了实践能力。人在越来越大的程度上把整个自然界作为生命活动的工具、材料和对象，大自然也越来越作为科学的、艺术的和实践的对象，进入人的活动领域，增加着人的普遍性和能动性。随着人把自身和自然界区分开来，他也把自身一分为二，把自身区分为主体和客体，把自己的生命活动变成自己的意志和意识的对象。掌握了思维工具的人可以把大自然的自组织过程分解开来，把产生一个自然产品的诸简单运动形式分析出来，一旦这些运动形式被分析出来，就可以让这些运动形式进行重新组合。虽然人在思维中进行物质运动形式的综合时，可能毫无结果，也可能塑造出一些虚幻的存在来，例如把翅膀综合到人身上，或把狮身和人面综合起来，但有一些综合却是可能成功的，例如把梨树枝嫁接到苹果树上，让马和驴交配，把竹子编排成舟，把泥土、树枝和野草"综合"为房屋，等等。

一旦人们在思维中把各种物质运动形式进行分解并重新组织起来，他们就又可以借助工具在现实中把各种物质运动形式分解或重新组合起来，这样就把观念的房屋变成了现实的房屋等。康德认为人在认识上具有先天综合的能力，其局限性表现为，把在历史中发展起来的能力看作先天能力，没有看到这种综合的能力不仅在认识中，而且在实践中。通过实践中的新综合，人就可以改造大自然的生产条件、改进大自然的生产过程，甚至生产出大自然中不直接存在的产品。

人在对自然生产过程进行解析和综合的基础上，通过物质运动形式的新组合或通过把相互作用的各组分导入一个特殊的环境，改进了自然产品或生产出大自然不直接存在的产品。这样，简单的采集或猎获活动就变成了人的创造性实践。人的这种自觉创造并不是随心所欲的创造，而是通过自然界已经存在的各种运动形式的综合或分离创造出新的运动形式。这种创造活动并不说明人可以创造规律，而是说人可以根据事物相互作用的规则、根据事物的规律，通过控制或改变事物相互作用的条件和成分，来控制生产的结果；至于各物质组分相互作用的具体规律则不是人所能随意"创造"的。

　　所有的创造、创新只能从"形式"的意义上来理解，而不能从"质料"的意义上来理解。例如生产一块面包，人的创造性活动表现为：根据一定规则把麦子磨成面粉，加入水和特定的化学成分让面粉发酵，再按照一定的方式加工成面包。人的作用是按照一定的规则让麦子一步步地"形式化"，最后使之变成一块可以食用的面包。如果从质料的意义上讲，人没有创造任何东西，面包的所有质料都是大自然提供的，人只是通过各种物质的特殊综合，造成了这些物质质料的新形式，即"面包"形式。如果把创造理解为质料意义上的创造，那就根本不会存在创造活动了。

　　创造性实践所提供的新产品只能在"形式"的意义上来理解，而不能从"质料"的意义上来理解；只能把创造理解为运动形式上的从无到有，而不能理解为质料意义上的从无到有。

二、生产劳动蕴含自觉创造和体力耗费的两重性

随着采集或猎获活动转化为人类自觉创造的实践,劳动形态也悄悄地发生着变化。在采猎劳动阶段,产品是自然物质通过自发的相互作用而产生的,是大自然"自组织"的结果。现在,产品是人借助于一定手段并通过自身的活动对物质运动进行调动、调整和控制的结果,是由人所进行的"他组织"的结果。这种不同于采猎劳动的新型劳动,我们称之为"生产劳动"。采猎劳动是占有物品的阶段,生产劳动是创造物品的阶段;采猎劳动阶段,人在搜集,而生产劳动阶段,人在生产;采猎劳动中人适应自然,生产劳动中人改造自然。采猎劳动使人简单地从属于自然,而生产劳动包含着人进一步发展的多方面的可能性。采猎劳动是人和动物所共有的,生产劳动才是人区别于动物的关键。

生产劳动把由大自然所主导的生产改造成由人所主导的生产,这意味着人类主体性的确立。但同时生产劳动也把人自身作为体力支出的要素包含进劳动过程中。在生产劳动中,人既是把各种物质运动形式组织起来的主体,又同时把自身作为一种组织工具来使用;生产劳动既是人调动各种自然力来生产产品的过程,也是人作为自然力耗费自身的过程。为了作用并改变身外的自然,劳动者除了动用自己的思维和意志以外,还需要动用自己的臂和腿、头和手,需要把自身作为一种生产器官、作为自然力来使用。人自身的这种力量,就其作为一种自然力来说,和其他生产要素

所提供的自然力是一样的,例如人拉犁和牛拉犁是没有本质区别的,因此前者也就可以为后者所代替。人体的这种耗费是人类劳动力在生理学意义上的耗费。

人的体力支出在一定限度内是人的自由发展的条件。人为了让自己的各种自然器官保持正常的功能并得到相应的发展,也需要一定量的、一定形式的体力支出。肢体不运动就会萎缩,因而这种一定的体力支出是人自由发展的条件。但是,在生产劳动中,体力支出的数量和方式不以自然肢体的自由发展为尺度,而是为了得到产品所必须服从的某种自然必然性。在生产劳动中,某些形式的体力支出是生产性的,而另一些对人的自由发展所必要的体力支出成了非生产性的,例如踢毽子等。生产劳动在使那些生产性支出超出生理发展所需要的限度时,那些非生产性的但对人的自由发展是必要的体力支出时间就被挤占了;因而,生产劳动使人们的器官耗费过量的同时,也夺取了其他肢体器官自由锻炼和发展的机会。因此,生产劳动中的体力支出和原始人比起来还倒退了一步。

原始人找食物,是在忙着劳动,还是在悠闲地溜达?是在进行被动的体力耗费,还是在锻炼自己?是在有意识地支配自己的肢体,还是一种本能活动的自发展开?这似乎很难区分。因此,可以把他们直接劳动的时间同时看作是他们自由活动的时间,可以把他们直接体力支出的过程看作是使本能的生命活动自由展开的过程。而在生产劳动阶段,体力支出的自由性减弱了,体力支出的被迫消耗性增加了。就像马克思在分析资本家的职能时把从事管理的职能抽象掉，而把从事剩余价值盘剥的职能看作是其具有本质特征的规定一样，在分析生产劳动时，也可以把体力的自由支出性质抽象掉，而把体力耗费看作是生产劳动的具有本质特征的规定。因此，生产劳动中的体力耗费，表明人还被禁锢在某种自然必然性中，表明人必须像消耗其他自然力一样来耗费自己的内在力量，表明人体作为力学器官仍然作为直接的自然客体受劳动过程的役使。

因此，生产劳动是自觉创造和体力耗费的统一。它要求劳动者不仅作为脑力劳动者而且作为体力劳动者，不仅作为自然力的支配者而且作为自然力的支出者，不仅作为主体而且作为客体发挥作用。作为人的自觉创造过程，生产劳动表明人对自然的统治；作为人的体力耗费过程，生产劳动表明人仍然服从自然必然性。生产劳动的这种双重性质就是生产劳动的二重性。

生产劳动提供了一个日益丰富、日益精致的产品体系。生产劳动通过对对象的多重加工，把一些先前没有使用价值的东西变成了对人有用的产品；通过探索整个自然界，发现了新的有用物体或原有物体的新的使用属性；通过采用新的方式加工自然物，赋予它们以新的使用价值。生产劳动发展了社会分工，创造了多种按照属、种、科、亚种、变种分类的有用劳动的总和，创造了不断扩大和日益丰富的产品体系。产品作为使用价值，不仅满足而且塑造人们的需求。"艺术对象创造出懂得艺术和具有审美能力的大众，——任何其他产品也都是这样。"① 生产劳动所提供的产品

---

① 《马克思恩格斯文集》第 8 卷，人民出版社 2009 年版，第 16 页。

不但保证了旧需要的满足，而且发现、创造并满足了由社会本身产生的新需要；它培养社会的人的一切属性，把人作为具有丰富的属性和联系的、具有广泛需要的人生产出来；它不但提供了生存资料，还提供了发展资料。

生产劳动在扩大必需品范围的同时，提供了日益多样的奢侈品。人们用这些奢侈品为自己安排了他们的祖先所不知道的各式各样的舒适享受。"这些舒适的享受一旦成为习惯，便使人几乎完全感觉不到乐趣，而变成了人的真正的需要。于是，得不到这些享受时的痛苦比得到这些享受时的快乐要大得多，而且有了这些享受不见得幸福，失掉了这些享受却真正感到苦恼了。"① 于是，这些奢侈品就变成了必需品，而同时又有新的奢侈品涌现出来。生产劳动越发展，它所提供的产品越是富有诱惑力，人们的需求变得越多样化、越精致、越奢侈，人们对产品的渴望就越大。因而，产品作为使用价值，人们希望得到它、追逐它、垄断它；这是作为自觉创造的生产劳动所造成的结果。

在生产劳动阶段，这些日益丰富的产品，已经不是大自然直接提供的，而是只有耗费体力劳动才能得到的。体力耗费成为生产使用价值的必要条件。以前直接拿来生吃的东西，现在需要经过多重加工；代替茅草屋的宫殿需要耗费大量复杂的劳动。因而随着产品的精致化和多样化，人的体力耗费也增加了。人们越想获得更多、更丰富的产品，就越需要投入更多的劳动；越想享受劳动的产品，就越需要汗流满面地去劳动，最后甚至连对自己劳动

---

① 卢梭：《论人类不平等的起源和基础》，李常山译，商务印书馆1962年版，第116—117页。

产品的享受时间也没有。因此，就产品象征着劳动消耗、象征着人的力量支出来说，人们又希望远离它、放弃它、逃避它；这是作为体力耗费的生产劳动所造成的结果。

这样，生产劳动及其产品的二重性就造成了追逐产品和逃避劳动的矛盾。这个矛盾的解决办法只能是转嫁劳动，即通过支配别人的劳动、支配别人的生产性肉体来为自己生产产品。这个矛盾造成了一部分人无偿支配别人劳动的阶级关系。正如交换过程使作为使用价值和价值统一体的商品分裂为单纯的使用价值即普通商品和单纯的交换价值（货币）一样，一定性质的交往过程使主体与客体相统一的劳动者转化为作为主体的剥削者和作为客体的被剥削者，由此造成了权利与义务的分化，造成了财富享用者与财富生产者的分化。至于一定的交往过程是如何使生产劳动的内在二重性转化为外在的阶级矛盾的，这里不做具体分析。需要把握住一点，即阶级权力的根源在于生产劳动的内在二重性。

三、自由劳动与人的自由全面发展的实现

生产劳动经过农业革命、工业革命和信息革命的发展过程，已经越来越使一般社会知识变成直接的生产力，变成社会实践的"直接器官"，从而使社会生活过程受到一般智力的控制并按照这种智力得到改造。这种趋势集中表现在由许多机械的和智能化的器官组成的自动生产体系上。

在自动生产体系中，"不再是工人把改变了形态的自然物作为

中间环节放在自己和对象之间；而是工人把由他改变为工业过程的自然过程作为中介放在自己和被他支配的无机自然界之间"①。自动生产体系把大量的自然力合并到生产中；它是由自动运行的动力推动的，它通过科学驱使自然力为人类的需要服务；为了自身的不断运转，它消费煤炭、石油等，就像工人消费食物一样。自动生产体系本身就是能工巧匠，它通过机器的构造驱使那些没有生命的机器肢体有目的地作为自动机来运转，它把大自然中不同的自然运动形式组织到生产中，把科学中得出的力学规律和化学规律应用于生产，使机器能够完成以前工人完成的同样的劳动。

自动机器体系"是人的产业劳动的产物，是转化为人的意志驾驭自然界的器官或者说在自然界实现人的意志的器官的自然物质。它们是人的手创造出来的人脑的器官；是对象化的知识力量"②。人作为自然规律的掌握者，把生产变成科学的应用过程，变成对大自然进行调度、调控和组织的艺术，这种劳动过程是理性的充分发挥。在自动生产体系中，直接劳动不再被包括于生产过程中，而是主要变成对机器的运转、对机器作用于原材料起中介作用，例如看管机器、防止它发生故障等。直接劳动作为生产财富的动因，和生产过程所合并的自然力相比，在量上显著地缩减了。财富的增长主要取决于被合并到生产中的自然力，取决于一般科学劳动，取决于自然科学在工艺上的应用，而人本身完成的直接劳动以及人从事劳动的时间不再表现为生产和财富的基石。因而直

---

① 《马克思恩格斯全集》第 31 卷，人民出版社 1998 年版，第 100 页。
② 同上书，第 102 页。

接劳动及其数量作为生产即创造使用价值的决定原则正逐步失去作用；体力耗费不再是生产的基础和决定性因素，劳动时间不再是财富的尺度。

这种通过自动生产体系把各种自然运动形式组织起来并把各种自然力调动起来，而人的直接的体力耗费不再成为财富尺度的劳动形态，我们称为自由劳动。

在自由劳动阶段，直接劳动以及直接劳动时间不再成为财富的尺度。财富的增加不是取决于自由时间向直接劳动时间的转化，而是直接取决于自由时间的增加。因为自由时间的增加就是增加个人自由发展的时间，而个人的发展，即一方面作为社会性的个人，另一方面作为掌握科学知识的个人的发展，是自由劳动阶段最大的生产力。财富的尺度、社会生产力取决于个人全面发展的程度，因而个人用于全面而自由发展的时间，就同时是生产的时间。在采猎劳动阶段，自由时间毫无价值；在生产劳动阶段，自由时间和直接劳动时间处于对立之中；而在自由劳动阶段，自由时间本身就是生产时间。既然财富取决于社会个人的自由发展，取决于人对自然界的了解和通过人作为社会体的存在来对自然界的统治，那么所有人的直接劳动时间都将缩短，但财富仍然会增加。

但是，如果说在自由劳动中，直接的体力支出在财富生产上的地位下降了，而它对人的自由发展的意义却真正发挥出来了。体力支出变成了人的体力的自由发挥，而非强制使用；是人主动的体力参与，而不是被动的体力消耗；这种体力发挥是与创造性实践密切相连的，体力劳动是与脑力劳动同步而协调地发挥作用的；人不是把自然肢体的某一个方面耗尽，让其他方面变得萎缩或迟钝，而是让各个方面协调发展。因此，直接的体力劳动不再是人禁锢于自然必然性的表现，而变成了人自由发展的条件之一。

这样，一方面，由于直接劳动时间不再是财富的尺度，尚存的为数不多的直接劳动成了人自由发展的条件，成了人们生活的第一需要，因而转嫁劳动和盗窃他人劳动时间的必要性消失了；另一方面，劳动者的社会发展以及自由时间的增多都能使劳动者充分参与社会交往和公共事业的管理，支配劳动者的可能性也消失了。这样，阶级权力也自然跟着消亡了。那时，个人的全面而自由的发展将成为全社会的目标，而取代先前阶级社会的"将是这样一个联合体，在那里，每个人的自由发展是一切人的自由发展的条件"[①]。

---

① 《马克思恩格斯文集》第 2 卷，人民出版社 2009 年版，第 53 页。

第五讲　马克思对劳动之于人的意义的澄明

陈筠淘*

本讲摘要：作为人自由自觉的生命活动，劳动为人的自由全面发展创造物质条件，是人类存在和发展的基本方式，也是人确证自身本质力量的手段和方式。正是在劳动中，人创造了自身、书写了历史，最终实现了由必然王国向自由王国的飞跃。可以说，全部的社会历史不外是人的劳动发展史或劳动中的人的发展史，人创造历史的过程，不仅仅是人自身在劳动中不断生成和发展的过程，更是人的意义世界不断丰富和圆满的过程。对于社会主义者而言，只有不断发展生产力、推动共同富裕、消灭脑力劳动和体力劳动分工，促进劳动成为生活的第一需要，才能正确认识和把握劳动之于人的意义，才能使劳动之于人的意义不断在现实生活中彰显。

---

* 陈筠淘，北京大学马克思主义学院助理研究员。

第五讲 | 马克思对劳动之于人的意义的澄明

劳动是人类最基本的生命活动，它贯穿人类社会发展的始终，对人自身、人类社会的形成和发展发挥着重要作用。然而长期以来，人们或是把劳动仅仅理解为体力活动，或是把它当作惩罚规训手段、矫治改造工具，又或是把它当成劳动技能训练。这种对劳动本质的片面认识，不利于我们正确理解劳动之于人的意义以及人的本质属性。以人的自由全面发展为主线，围绕马克思科学劳动观的形成过程、人的劳动发展史以及人的意义世界在劳动中的建构这三个问题展开探讨，有助于澄清一些关于劳动的认知误区，正确认识和把握劳动的本质以及劳动之于人的意义所在。

一、正确理解劳动之于人的意义的方法论肇始

人们对劳动本质的认识，经历了从消极到积极、从片面到科学的过程。从词源学角度看，古汉语中的"劳"（勞）是会意字，《说文》有云："劳，剧也。从力，荧省。荧，火烧冂，用力者劳。"《易·兑》有云："说以先民，民忘其劳。"《国语·越语下》也指出："劳而不矜其功。""劳"字基本上都有付出艰辛的体力活动、辛苦的含义。值得一提的是，中国古人已经充分注意到了人的劳动存在着脑力劳动和体力劳动的差别，但由于时代和阶级的局限性，还是将脑力劳动者（"劳心者"）视为统治阶级，而将广大劳动人民（"劳力者"）视为被统治阶级。这实际上是一种对劳动带有特权阶级意识的偏见式理解，也是对劳动的割裂式理解。

在西方的文化传统当中，劳动一词在词源上也与痛苦或者厌烦有着十分紧密的联系，并且劳动的这种艰辛有着浓厚的宗教色彩，这种痛苦感是人类的原罪。

在相当长的一个历史时期里，劳动的意义在人们的心目中是消极而负面的。而劳动的正面意义开始为人们所重视，则要追溯到西方宗教改革以后资本主义蓬勃发展的时期。彼时，创造财富、追求现世的幸福日益取代通过禁欲、节制来换取天国门票，成为人们信仰上帝所必须信守的"天职"。从那时起，宗教信仰的变革释放了人类追求财富的冲动，也促成了劳动成为人类实现"天职"的手段。

最早在经济学上将劳动同财富创造联系起来的是英国古典政治经济学家。亚当·斯密认为，财富产生的基础是人类劳动，人类无差别的"劳动一般"才是财富真正的"支配实体"和价值的源泉，他的观点抛开了劳动的具体形式，把"劳动一般"或"一般劳动"看作价值的源泉，揭示了劳动对于创造财富、推动社会进步的积极作用，从而大大提高和肯定了劳动的历史地位和现实意义。然而，斯密提出的"劳动价值论"总体上还是将劳动视为"苦难"和"诅咒"，认为劳动所带来的"辛劳、麻烦和痛苦"是人们在创造财富、追求商品价值的过程中不可避免地要付出的代价。斯密的理解暴露了古典经济学"劳动价值论"的一个巨大缺陷，即作为劳动主体的"人"始终没有进入他的视野，"人"在这里完全沦为受"物"驱使的奴隶。对此，马克思曾一针见血地指出："以劳动为原则的国民经济学表面上承认人,其实是彻底实现对人的否定。"① 也正是由于这一点,以斯密为代表的古典政治经济学家始终不能实现对劳动消极方面的扬弃。

斯密留下的难题在黑格尔那里获得了部分解决。在思考人类通往自由的问题时,黑格尔观照到了劳动对于人类确证自身本质力量所具有的重要意义,指出劳动并不是完全外在于人的被迫活动,而是人将自身主体性力量外化于客观世界的重要环节。这种观点站在主体的立场上考察了人类劳动,认识到了人类劳动所特有的"能动的超越性",从而在一定程度上解决了斯密所遗留下来的理论难题。然而,由于是从"普遍精神概念"的意义上来把握人类劳动,因而黑格尔只是寄希望于透过普遍理性的实现来克服劳动的消极方面,这实际上仅仅是在抽象地讨论劳动解放的问题。这种"精神劳动本质论"不仅不能现实地消除异化劳动给人造成的痛苦,而且在现实中很容易成为脑力劳动与体力劳动差别合理化的注脚。

精神自由始终是以现实的自由为根本前提的,因而从观念或自我意识的层面出发来思考扬弃劳动的消极方面,必然会在现实的物质层面碰壁。在资本主义社会的经济现实中可以看到,黑格尔设想的"普遍理性的实现"并没有出现,劳动的消极面并没有因为作为"理性的最高实现"的资产阶级国家的降临而消弭,反倒是"普遍的贫穷""贫富分化"充斥着整个社会,理性在这些现实的苦难面前显得十分苍白。总之,黑格尔的抽象劳动本质论虽然高扬

---

① 《马克思恩格斯文集》第 1 卷,人民出版社 2009 年版,第 179 页。

主体的能动性、体认到了劳动的积极方面，但由于这种观点只是把物质劳动看作其绝对精神的自我运动的一个环节，因而只是对劳动的抽象化、概念化和逻辑化的思辨表达，而不是对人的劳动（即人之自由自觉本性）的具体化、客观化和现实化表达。正因此，黑格尔实际上忽视、回避了劳动的消极方面，所以扬弃劳动消极方面的问题在他这里依然没有得到圆满的解决。

在马克思看来，人类劳动其实是斯密所理解的作为创造物质财富手段的"生产性劳动"以及黑格尔所理解的作为绝对精神自我运动的"精神劳动"二者的有机统一。劳动是"活的、造形的火"，其本质是"人以自身的活动来中介、调整和控制人和自然之间的物质变换的过程"①；这个活动不仅仅是创造财富的手段和生成自我意识的过程，更是人之为人的自由自觉本质力量的自我确证和直接体现：动物不能把自己同自己的生命活动区别开来，它和自己的生命活动是直接同一的；人则使自己的生命活动本身变成自己意志和意识的对象，有意识的生命活动把人同动物的生命活动直接区别开来。

正因此，马克思才说一个人是什么样的，归根到底是由他的生产劳动所决定的；人生产什么、怎样生产，决定了他是怎样的，可以说，劳动生产是反映人的本质的镜子。马克思所强调的生产是全面的生产，既是物质生产，也是精神生产，还是社会关系的生产，更是人自身的生产。并且，人懂得处处都把固有的尺度运用于对象，懂得按照任何一个种的尺度来进行生产，懂得"按照美

---

① 《马克思恩格斯文集》第 5 卷，人民出版社 2009 年版，第 207—208 页。

的规律来构造"①,这正是人之自由自觉本性的具体体现。

马克思的劳动观科学地实现了对人的劳动及其内含的人之自由自觉本性的具体化、客观化和现实化表达,揭示了人类劳动从"异化劳动"向"自由劳动"飞跃的过程,指明了人在劳动中实现自由全面发展的现实面向,为我们正确理解劳动之于人的意义提供了科学的理论视角。

二、确证劳动之于人的意义的三个事实

从人们的现实生活过程出发,特别是从人类实际的劳动过程出发来认识和把握人类劳动的本质,是马克思研究劳动问题时的基本思路。这启示我们,在谈及劳动之于人的意义时,不应仅仅把视野局限于思辨领域或理论分析,而应紧扣人的劳动发展史,以人在劳动中的生成和发展为主线,深入考察劳动在人的生成和发展过程中所发挥的决定性作用。劳动之于人的重要意义,可以从三个方面的事实来把握。

第一个事实是,人是有生命的自然存在物,同时他无时无刻不处于生产关系之中。人"一方面具有自然力、生命力,是能动的自然存在物;这些力量作为天赋和才能、作为欲望存在于人身上;另一方面,人作为自然的、肉体的、感性的、对象性的存在物,同动植物一样,是受动的、受制约的和受限制的存在物,就是说,

---

① 《马克思恩格斯文集》第 1 卷,人民出版社 2009 年版,第 163 页。

他的欲望的对象是作为不依赖于他的对象而存在于他之外的"①。从这一角度就不难理解,人作为肉体的主体,为了使自身得到满足,使自身解除饥饿,他需要自身之外的自然界、自身之外的对象。然而,在一般的情况下,自然物不能自发地满足人的需要,人类只有通过劳动为中介,才能实现人与自然之间的物质变换,才能实现自身的生存。

劳动在人与自然的维度上就是人类赖以生存的条件,如若没有人与自然之间的物质变换,即人不去改造自然物,就无法满足人类的需要,人就没有衣食之源,就没有生存条件;也就是说,人"为了生活,首先就需要吃喝住穿以及其他一些东西。因此第一个历史活动就是生产满足这些需要的资料,即生产物质生活本身"②。很显然,物质生产劳动是人类存在和发展的根本前提。基于此,马克思才认为劳动是"一个社会摆脱自然力量的统治"的开始,在创造性的活动中建造适用于人的生存的对象世界,劳动使人类从自然界中跃升出来,是人类的内在本质规定性。

人在劳动的过程之中,不仅使自然物发生了预定的变化,也在这个过程中实现了自己的目的。可以说,在这一过程中,劳动既满足了人的生命活动需求,又创造了人本身,使人获得了与动物不同的主体性的存在。正是劳动使人脱离了动物界、形成了意识、产生了社会关系;离开了劳动,人类不仅不可能生存,也不可能发展,更不可能成为有着丰富社会关系的、真正意义上的人。生

---

① 《马克思恩格斯文集》第 1 卷,人民出版社 2009 年版,第 209 页。
② 同上书,第 531 页。

产物质生活资料的劳动是如此之重要，以至于"任何一个民族，如果停止劳动，不用说一年，就是几个星期，也要灭亡，这是每一个小孩子都知道的"①。

第二个事实是，劳动是人与人类社会得以生成的关键。劳动是社会存在的基础，它作为人有目的的、有意识的自觉活动，不仅包括人与自然、人与人、人与自身之间的关系，而且以萌芽的形式囊括了其他一切社会关系；它创造了人的全部社会关系、形成了人类社会、提升了人的能力并促进人实现自由全面的发展。在劳动中形成的经济关系是社会关系的根本内容，但不是唯一的内容。人类的直接的物质生产劳动解决了人们的衣食住行等基本生活需要，构成了人类最基本的社会生活，即经济生活；在此基础上，人类发展出了日益丰富的社会实践形式，从而为政治生活、精神文化生活等其他方面的社会生活领域的开辟奠定了基础。

第三个事实是，劳动不断满足人的需要并不断创造出新的需要。作为人类现实的、感性的活动的结果和产物，"人的需要"不是抽象的而是具体的，不是永恒的而是历史的，它是一个动态的体系，始终随着劳动的发展而变化。人的需要不仅包含维持生命活动的生存性需要，而且包含追求自我实现、自由全面发展的发展性需要，追求幸福生活的享受性需要也因此被提了出来；人不仅追求客观性的生活需要，而且将获得感、幸福感、安全感、尊严感等主观性的需求纳入美好生活的范围。作为有自由自觉生命的存在物，人需要的体系是一个不断开放、扩大和发展的体系。

---

① 《马克思恩格斯文集》第 10 卷，人民出版社 2009 年版，第 289 页。

人类必然随着基本的物质生活需要的满足，而不断追求自身的自由全面发展，不断对象化自己的本质力量，不断提升自我生命的圆满性。

从这三个方面的基本事实便能看到，仅仅是将劳动创造人、发展人这一历史过程平铺直叙地呈现出来，就足以彰显劳动之于人的重要意义。也只有始终基于人们的现实生活过程、基于人类实际的劳动过程来认识和把握劳动的本质，才能更准确全面地认识和把握劳动之于人的重要意义。

三、意义世界在人的劳动过程中的生成

马克思主义哲学不是关于无限世界的一般规律的总汇，而是对人的存在方式及其发展道路的自觉反思。因此，我们讨论劳动之于人的意义时，应该从人的生活、从其生命过程的具体发展过程中来理解。不是生活随着意义而确立，而是意义随着生活而确立，人的意义的建构过程，实际上是人在劳动中不断对象化自己的本质力量，不断丰富生命本质的内涵的过程。

在劳动中，人类确证了人之为人的存在方式，并不断丰富和发展了人本身。劳动创造了人本身，培育和提升了人的本质力量，使自然这种异己的力量服务于满足自己的需求。人是有目的的存在，自然不会主动实现人的这种目的，而只有通过人自己的劳动来实现。所以，人的劳动实践活动构成人处理与周围世界、与自然关系的独特的方式。借此，人实现了自己的目的，改变了自然，

也改变了人本身。石器不是一块简单的石头,而是人加工过的劳动工具。石器诉说着人类祖先在与自然进行抗争的历史中所走过的足迹,诉说着人类不屈不挠的意志和不断生成的智慧。

在这个劳动实践的过程中,人也逐渐增加了对自然的了解,形成了自我意识,并创造了语言、文字、艺术等各种符号体系,从而将自身与大自然真正区分开来。透过自然这面镜子,人更清楚地看到了人自身,看到了人与自然的不同,因而也就将自己从动物界中分离出来。于是,劳动就构成了人的生存方式,人就在劳动中确证了自己的存在及其价值。"我劳动,故我在",这就是人类不同于其他生命的一个根本特征。

可以看到,马克思并不是从物质本体中把握世界,也不是像近代哲学那样关注知识问题,而是透过实践的观点,将现实的人及其现实的生活过程作为自己的关注焦点。在他那里,人是从事实践活动的人,社会是以实践为基础的社会,世界则是以实践为基础的文化世界、意义世界。由此,马克思在生活世界中找到了人的意义世界的基石。

根据马克思的理解,世界并不仅仅是外在于"我"、与"我"无关的物理世界——这样一个"自在世界"对于作为主体的人来说是"无",是毫无意义的存在。当然,马克思并不是要否认外部世界的存在,问题在于我们所接触、理解和谈论的世界却是人的世界。人有意识,而这种意识不是单个人的意识,而是群体和类的意识,这种存在的特征更使人变为类存在物。人意识到自己内在的需求、价值、愿望,并将这种内在尺度外在化,使之满足人自身。

马克思提出:"我们看到,工业的历史和工业的已经生成的对象性的存在,是一本打开了的关于人的本质力量的书,是感性地摆在我们面前的人的心理学;对这种心理学人们至今还没有从它同人的本质相联系,而总是仅仅从外在的有用性这种关系来理解,因为在异化范围内活动的人们仅仅把人的普遍存在,宗教,或者具有抽象普遍本质的历史,如政治、艺术和文学等等,理解为人的本质力量的现实性和人的类活动。"① 近代以来,工业活动是最为彰显人的本质力量的劳动实践,人类的本质力量被极大地挖掘出来。在这种劳动实践中,马克思看到了人类创造自己世界的巨大可能。借助于这种活动,人将自己的意志、能力、愿望对象化于生活中,从而建立起一个"属人的世界"。这种人类活动的主体性是人类的本质特征之一。这样,人类借助实践,同哲学、艺术、宗教等一起来把握这个世界。

通过自己的对象化活动实现自己,人体现了自己生命存在的价值,结果这个世界就不再是一个与人无关的寂寥世界,不再是康德的"物自体"世界,而是"人"的世界。人也不是与这个世界无关的存在,他是这个世界中的人,并属于这个世界。实践改变了人与自然的关系,满足了生命的需求,丰富了人的生命,从而为人生命的成长和意义的生成奠定了基础。人将自己的本质力量外在化,自然成为"为我的自然",世界也就成为对于人而言的有意义的世界。

---

① 《马克思恩格斯文集》第1卷,人民出版社2009年版,第192页。

第五讲 | 马克思对劳动之于人的意义的澄明

马克思透过思想的自我反思和实践的不断超越，为人类生存和发展创设了一个专属于人类的意义世界，这个意义世界不是抽象建构的产品，而是基于现实生活、劳动生产实践中所反映出来的人的本质所构筑的超越现实的和充满无限可能的新世界。这个世界就是马克思所说的"为我的世界"，它是一个文化的世界、意义的世界。这个文化意义世界是一个立足于我们当下生活之中的世界，是一个立足于现实之中、由人参与建设的世界。这个世界离不开人，人类在实践中创造自己的世界，但是这个创造并不是凭空建造的，而是在既定的历史条件下完成的。这种历史性就是人类劳动实践的前提，也构成人类创造自己的意义世界的背景。

就当前而言，人们之所以容易把劳动割裂地理解为体力劳动和脑力劳动的对立，把脑力劳动看作是高于体力劳动的人类活动，也难以理解劳动之于人的意义所在，归根到底还是因为旧式分工形式依然存在。事实上，人类劳动是脑力劳动和体力劳动的统一，现实的问题仅仅在于，我们需要不断地提高生产力，不断推动生产关系向前发展，使得生产资料最终由社会占有，使得旧式分工彻底消除，从而消除人因为外在目的性而进行劳动的社会条件，使作为人自由自觉的生命活动的真实特性全面彰显，使人能够在自己的本质活动当中不断张扬个性、对象化自己的本质力量，从而实现自由全面的发展和意义世界的圆满。

劳动的这种外在目的性被扬弃的过程，实际上就是马克思所说的："劳动尺度本身在这里是由外面提供的，是由必须达到的目的和为达到这个目的而必须由劳动来克服的那些障碍所提供的。但是克服这种障碍本身,就是自由的实现,而且进一步说,外在目的失掉了单纯外在自然必然性的外观,被看做个人自己提出的目的,因而被看做自我实现,主体的对象化,也就是实在的自由——而这种自由见之于活动恰恰就是劳动。"①

综上,意义世界的建构过程,其实就是人在劳动中不断对象化自己的本质力量、不断生产和再生产自己的现实生活的过程。劳动生产是反映人的本质的一面镜子,人是怎样劳动的,他就是怎样的;他在劳动中对象化自己的本质力量,他的劳动产品正是他的对象化了的本质力量,劳动产品在这里面体现的是人的能力的实现,更是一种美的彰显。劳动创造美不仅仅是道德意义上和哲学意义上的,更是现实意义上的,这就是说,劳动的过程就是人的本质力量对象化、现实化的过程,就是其情感意志、创造能力、审美情趣转化为现实的过程。人越是能在劳动中不断对象化自己的本质力量、不断彰显自己的自由个性,他的生命本质就越加丰盈,他的意义世界就越加圆满。

作为人自由自觉的生命活动,劳动为人的自由全面发展创造物质条件,是人类存在和发展的基本方式,是人确证自身本质力量的手段和方式。人正是通过劳动创造自身、书写历史,最终实现从必然王国向自由王国的飞跃。可以说,全部的社会历史不外是人的劳动发展史或劳动中的人的发展史,人创造历史的过程,其实就是人自身在劳动中不断生成和发展的过程。我们从这些历史事实中就能清晰看到,劳动的重要性不需要我们过多对其赋予含

---

① 《马克思恩格斯文集》第 8 卷,人民出版社 2009 年版,第 174 页。

义，也不需要不断在道德层面去高喊，而是要不断发展生产力、推动共同富裕、消灭脑体分工，使劳动成为生活的第一需要。只要基于事实出发，我们就能够正确看待劳动对于人类发展的重要作用，看到劳动者在推动社会历史发展中的主体作用，从而更好地认识和把握劳动之于人的意义，并更好地在劳动中推动自身人生意义的不断圆满。

第六讲　五四时期知识群体关于劳动问题的认知

赵　诺[*]

本讲摘要：晚清以降，内外危机使中国知识群体对自身和劳动者的关系问题有新的思考，更加平等地看待不同社会群体。十月革命中劳动者的革命壮举更对中国人产生巨大震撼。五四时期知识群体逐渐认为"劳力者"比"劳心者"更尊贵，甚至以成为"劳动阶级的一分子"为目标。五四运动中，知识群体与群众共进退的经历，以及他们对民众特别是工人阶级的政治力量的感知，加深了他们对劳动者的好感和认识。尽管这些认识与马克思主义理论未尽符合，但还是有利于马克思主义的传播的。随着中国共产党的成立，经李大钊等先驱者探索，马克思主义理论终在"劳动"问题上掌握话语权，无产阶级成为"劳工"唯一所指，"劳动"话语也实现了其阶级论的语义转换。其间，知识群体也越来越意识到，必须走向群众、依靠群众，走与群众特别是工人阶级相结合的道路。

---

[*] 赵诺，北京大学马克思主义学院助理教授、博士生导师。

我们今天的"劳动观"与传统中国无疑有很大差异。但今人对劳动、劳动者之基本认识并非从天而降抑或简单"舶来",其形成是一个历史的过程。而五四时期可以说是其间变化、凝成的关键阶段。因此,我们探讨或者理解劳动问题时,应该对这一思想史上的变革有所把握。

一、士农工商"四民"顺序的历史之变

谈到传统中国知识分子与劳动者关系的认识问题,我们容易想到很多经典中提到的士农工商这"四民"的概念。士农工商,一开始在说法上并无明显的先后次序,但到春秋战国时,一个优先级逐步形成了,那就是:士—农—工—商(如《管子·小匡》)。与之相应,孟子谈到世上"劳心"及"劳力"两种人,强调"劳心者治人,劳力者治于人"(《孟子·滕文公上》)。照此观点,劳心的士为治人阶层,劳力的农工商只可能是被治的阶层。

在百家争鸣的时代,并不是只有这一类声音。《孟子·滕文公上》即记载了"农家"对这个问题所持的不同意见。农家是诸子中重视农业生产、强调推广农业技术的一个群体。其中的代表人物许行就主张:"贤者与民并耕而食,饔飧而治。"就是说,圣贤、君主应该与普通民众一样耕田,一样做饭,同时也一道治理国家。这在一定程度上是反对社会分工,蕴含了一种比较朴素的平等观念。但农家的观点大致是批评所谓统治阶级不劳而食,是对劳动人民被剥削、压榨的现象的直观感受,更多是道德层面的控诉,

而没去分析社会经济基础乃及社会阶层、阶级关系的问题。他们强调经济生活甚至政治权利上的齐平的同时，在道德价值上仍然会把人分成"贤者"与"民"。

当然，大体而言，随着儒家文化统摄性地位的确立，此后两千多年，无论治人的"士大夫""读书人"，还是被治的"工农商""劳动者"，原则上都认可这个顺序。国人似乎对"为什么农民要生产东西给士人使用？""为什么世间需要一批作为劳心者的士大夫理所应当就负责'治人'？"这类问题缺乏追问的兴趣。在欧洲的封建时代也有类似的说法，人被分为三个等级：一种是掌握着政治权力的、尚武的贵族，一种是向上帝祈祷的僧侣，一种是从事生产的普通劳动者。这同样把"劳力""劳心"区别开来。中世纪的贵族、大众同样也觉得这个人间秩序是天经地义的。

可以说，在传统中国，似乎值得讨论的只是在承认知识群体具有天然道德优势的前提下，反省"士人"的具体责任问题。他们也许对当时的士风有反思甚至很不满，也希望革新全社会的风气、关心自身与天下兴亡（实际也就是社会政治）的关系等。但近代之前，我们极少能看到有人真的质疑"士"相对于"农工商"的优越性。

我们同样应当注意到，不仅农家或其他一些人的思想因子一直不绝如缕，还可以看到，当把劳动和具体的劳动着的人拉开距离后，各家观点中对"劳动"本身的重视并不稀见。譬如，最突出的是，"重农固本"的理念基本上一直为历朝统治者所推崇，甚至皇帝也每年需要"亲耕"。

如果我们进一步分析，可以推断其间之缘由。应该说，传统中国的经济基础是农业生产，因此农业生产问题是数千年来一直受到各阶层关注的重要问题。农业生产水平直接关系到人们的衣食住行，关系到人的生存和发展。农业生产或者说体力劳动在封建社会、自给自足的自然经济形态中的"基始性"地位被十分突出地彰显出来，古代关于农业生产的节日、谚语等都凸显了古人对于农业生产的重视。在中国传统农耕社会，体力劳动在农村既是客观上基本的"生活状态"，亦是主观上基本的"价值追求"，（体力）劳动是农民的基本存在方式。换言之，从某种程度上说，劳动成为农民的内在本质特征，尊重劳动、信任劳动成为人的基本价值规范。这种本质特征更多是中国人"无意识"地"认同"，或者也可以说是由客观的生存需要、人的本能特征所无形建构的产物。人一旦脱离劳动生产，就会陷入挨饿的状态，这种直观、感性层面的认识，使得其不得不重视劳动生产、信任劳动生产。

晚清以降，西方列强的入侵令自居"天朝"的中国迭遭欺凌。内外危机虽尚未从根本上改变中国的自然经济基础，但一系列挫败使得士大夫群体中一部分人对传统价值系统产生了怀疑，希望有所更化。其中，他们对传统的"四民"之次序问题，也就是知识群体和劳动者的关系问题，有了新的思考。郭嵩焘在《养知书屋文集·卷二：论士》中认为，古代的士与耕者、工者相同，各以其所能而自养，舜及伊尹是耕者，傅说是工人，吕尚屠且樵，孙叔敖是商人，皆可任为士。梁启超认为："士者学子之称，夫人而知也。然农有农之士，工有工之士，商有商之士，兵有兵之士。……今天有四者之名，无士之实，则其害且至于此。"① 郭、梁的看法，概括起来就是"四民"都可以成为"士"，即所谓"四民皆士"。这种观点无疑是更加平等地看待各个社会群体，但依旧还是默认了"士"的优先级。

在传统中国，士人最为自矜的是自身掌握甚至垄断着的知识。费孝通先生曾言："在人类所知的范围里，本来可以根据所知的性质分成两类，一是知道事物是怎样的，一是知道应当怎样去处理事物。前者是'自然知识'，后者是'规范知识'。"② 费先生说的"自然知识"是百工器物、科学技术这样的知识，"规范知识"则是道德、政治的规范及道理。四民之中，农工商的知识属于前者，士的知识属于后者。但是，在西潮冲击下，士人群体意识到过去自己和类似自己的人掌握的那些"规范知识"（古人自然并不直接做这样的分类）并不能应付近代中国历史变局的考验，一部分士人开始对整个知识体系产生怀疑，转而追求专业性、技能性的知识，认为一直被视作末流的工匠及他们所代表的"百工"完全可以和士大夫致君行道的知识等量齐观，修齐治平离不了"百工"。

在两千多年里士人安身立命所依靠的知识遭到整体性的自我怀疑后，士人群体的自我认知也出现明显的变化，而这种变化直接涉及他们对知识群体与劳动者关系问题的看法。其中有些士人认为中国读书人不但无用，而且愚笨，老百姓之愚是因为他们没读

---

① 梁启超：《梁启超全集》第1卷，北京出版社1999年版，第18页。
② 费孝通：《论"知识阶级"》，载许纪霖编：《20世纪中国知识分子史论》，新星出版社2005年版，第100页。

书，而士人之愚则是因为读错了书，故其愚笨的程度要超过老百姓。

在近代中国，影响知识群体对相关问题认知的还有一关键因素，那就是科举制的废除。废科举是一件划时代的大事，有重大之积极意义。它让读书人再不必盯着科举考试而为那几本儒家经典殚精竭虑，拓宽了读书人通向成就、成功的门窗，譬如可以让其选择成为各种专业人才。但是家门前的一条河，有的人会放一条小船航向辽阔的世界，也有的人会把它当作自己和外面世界的天然阻隔。对相当数量的读书人来说，废科举反而让他们多少年的苦功打了水漂，断绝了他们的前途，使得仕、学合一的传统被迫中断，造成了近代中国知识群体的"边缘化"。于是乎，废科举加之前面提及的西方资本主义入侵带来的传统农业经济的破败，终造成了一大批瞿秋白《饿乡纪程》中的"破产的士"。

二、近代中国"劳工神圣"思想的源流

20世纪初，国际劳工运动风起云涌、蓬勃发展，受巴枯宁、克鲁泡特金、托尔斯泰等人影响，无政府主义、民粹主义、虚无主义、新村主义、劳动主义等思潮均对中国知识分子产生了重要影响。譬如，他们不仅对资本主义进行批判和揭露，同时对以劳动者为代表的"民众"极端崇拜，以民众的力量为源泉，唤起民众进行大规模的社会运动，而对知识及知识分子持严厉批评态度。

中国无政府主义者对劳苦百姓的悲苦生活抱有极大同情，自

视为"平民"代言人，极力推崇劳动。刘师复拒绝"好逸恶劳，人之天性"的说法，认定"劳动"才是人的基本禀赋，劳动是一种人性，使人好逸恶劳的是导致贫富不均的私有制。他相信，随着公有制的实施和科学技术的进步，人人将平等，劳动也将成为快乐。在他想象的"无政府共产主义"社会中，"人人皆从事于人生正当之工作"，劳动会成为人们生活的第一需要。这股思潮对当时的中国知识群体产生了广泛的影响，毛泽东后来即回忆，自己青年时期的思想倾向在很大程度上受无政府主义、民粹主义的影响。

在新文化运动初起之时，中国思想界一度出现了普遍的"平民化"倾向，这一时期的"平民"在概念上自然还比较含混，甚至在政治上主要是指城市小资产阶级及其他市民，但在社会经济层面则侧重于下层之普通劳动者。李大钊曾在报纸上专门介绍托尔斯泰的"劳动主义"观点。蔡元培在一战过程中即对无政府主义、民粹主义思想有浓厚兴趣，对劳动者、劳工群体保持高度认可和关注。蔡元培等人的诉求仍在让学生或者说知识群体改变与劳动、劳动者隔绝的局面，他积极参与了留法勤工俭学、华工教育的活动，编写《华工学校讲义》，亲自授课辅导。

1917年初，蔡元培执掌北大，其改革举措之一即改变学生"重理论而轻实习""无服劳之惯习"，这既是其法国教育经验的延伸，又是克鲁泡特金互助论的实践。他希望在北大创造一个"本校职员，皆自励于学；学生，则教员助之为学"的工学互助的局面。在其领导下，"北大当时的校工夜班工读互助团、校外的民众夜校、工人补习学校、平民教育讲演等类的社会服务和劳动服务,也都很快发展起来"①。

十月革命爆发,劳动者在俄国的胜利开辟了人类历史的新纪元,标志着一向处于社会最底层的劳动者摆脱了剥削和压迫,获得了解放,成为历史的主人。十月革命对中国的思想界产生巨大的震撼,让中国的一些知识分子充分感受到劳动者的力量。李大钊发表了著名的《庶民的胜利》,指出今后的世界会变成劳工的世界,"我们应该用此潮流为使一切人人变成工人的机会","我们要想在世界上当一个庶民,应该在世界上当一个工人。诸位呀!快去作工呵!"②

同时,在第一次世界大战中,国人对西方资本主义世界的弊端甚至残酷有了更多的认识。当然,中国正是因为以派遣华工的形式参加了协约国一方,属于"战胜国"。1918年11月16日,为庆祝协约国在战争中获胜,北京大学校长蔡元培在天安门前举行的胜利大会上发表演说大力称赞"劳工"群体,喊出"劳工神圣"的口号:"此后的世界,全是劳工的世界呵!我说的劳工,不但是金工、木工等等,凡用自己的劳力作成有益他人的事业,不管他用的是体力、是脑力,都是劳工。所以农是种植的工,商是转运的工,学校职员、著述家、发明家,是教育的工,我们都是劳工。我们要自己认识劳工的价值。劳工神圣!"③

---

① 许德珩:《吊吾师蔡孑民先生》,中国蔡元培研究会编:《蔡元培纪念集》,浙江教育出版社1998年版,第122页。
② 中国李大钊研究会编注:《李大钊文集》第2卷,人民出版社1999年版,第240页。
③ 《五四运动文选》,生活·读书·新知三联书店1959年版,第185页。

李大钊和蔡元培这时的言论，显然已经从"四民皆士"发展为"四民皆工"了。新文化运动的旗手陈独秀从另一思路强调了劳动的必要性。他认为，中国要救亡图存，必须提高国力，增强经济实力，而人力的提高是关键因素。他从"民生在勤，勤则不匮"的古训出发，批判了中国传统中"美好丈夫，往往四体不勤，安坐而食他人之食"，并视"自食其力"为羞耻的恶习，赞扬了西方民族"劳动神圣"的观念，呼吁"爱国君子，必尚乎勤"。

近代中国第一份以"劳动"为名的《劳动》月刊的办刊宗旨是："尊重劳动；提倡劳动主义；维持正当之劳动，排除不正当之劳动。"这些想法对学生们产生了直接的影响。傅斯年在《时代的曙光与危机》中指出："僭窃者何尝专是帝王贵族绅士的高号呢？我们不劳而亦食的人对于社会牺牲的无产劳动者，也是僭窃者，将来他们革我们的命，和我们以前的人革帝王贵族的命是一种运动。"[①]以前的"士"也是"不劳而食"者，但他们看到汗水淋漓的农民、工匠，至多是同情，绝不会有多少惭怍之感。然而，五四一代青年的认识已完全不同，在内外环境、思想风尚的影响下，面对往昔平平常常的"劳动"，他们有了完全不一样的自我反思，即"劳力者"比"劳心者"更尊贵！

在北大长期旁听的王光祈，同样受无政府主义、新村主义的影响，他和李大钊等北大师生一道在1918年6月发起成立了少年中国学会。他在《少年中国学会之精神及其进行计画》中明确提出：

---

① 转引自王汎森：《近代知识分子自我形象的转变》，载许纪霖编：《20世纪中国知识分子史论》，新星出版社2005年版，第116页。

改造中国最有希望的是"中国劳动家","智识阶级同时便是劳动阶级"。① 这批知识青年直接以成为"劳动阶级的一分子"为目标,这是值得留意的现象。他们随后组织起北京工读互助团,试图践行"学者"兼"做工"的生活理想。作为少年中国学会、新民学会成员的毛泽东,在上海工读互助团里就参与了洗衣服的工读项目,这也是将"工人"与"学者"合为一途。尽管这些社会实验大多很快就失败了,却改变了知识分子的群体心态。

三、马克思主义劳动观念的接受与"走向群众"的实践

1919年的五四运动把"劳工神圣"推到新的高潮。劳动者,特别是工人阶级,在这场波澜壮阔的群众运动中以行动显示了他们的巨大力量,以罢工等斗争形式支援由中国新知识分子发起的爱国运动,对迫使北洋军阀政府让步起了决定性作用。

劳动者的表现加深了中国知识分子对他们的好感和认识,"劳工神圣"的口号越来越响。以李大钊、陈独秀等人为代表的对劳动价值和劳动者进行高扬的涓涓细流在五四运动后汇成大潮,当时流行的各种社会思想,如无政府主义、泛活动主义、新村主义、工读互助主义、工学主义、资产阶级民主主义以及马克思主义,掀起了以"劳工神圣"为主旋律的大合唱。"劳工神圣,双手万能"成为五四新知识分子的信条。一切鄙视劳动和贬低劳动者地位的

---

① 参见王光祈等编:《红藏:进步期刊总汇(1915—1949)·少年中国》第1卷,湘潭大学出版社2014年版,第343—350页。

思想受到了谴责，处于社会底层的劳动者成为世人瞩目的新兴力量。

但必须要指出的是，我们不能将蔡元培、陈独秀和李大钊等人对劳动的推崇等同于马克思主义的劳动理论或者观念，尽管他们的看法多多少少已受到马克思主义理论（社会主义理论）的影响。

随着新文化运动的深入开展，中国的知识群体出现进一步分化。李大钊的《庶民的胜利》自然是对蔡元培的呼应，但他又特别强调："民主主义战胜，就是庶民的胜利。社会的结果，是资本主义失败，劳工主义战胜。"①他将"工人"定位为工厂做工者，使概念内涵变窄，将蔡元培的"劳工神圣"置换为"劳工主义"，传达了苏俄革命便是"劳工主义"的真义。

1920年5月1日，《新青年》推出"劳动节纪念号"（七卷六号）。扉页仍是蔡元培亲题的"劳工神圣"，内容几乎全是工人运动。当年的五一纪念，也开始由知识阶层的运动走向社会实践。在上海，陈独秀组织数百工人召开"世界劳动纪念大会"，提出工人待遇"三八制"（工作八小时，休息八小时，受教育八小时），呼吁与苏俄联合。

在当时中国工业极不发达的状况下，将"劳工神圣"从无政府主义及工团主义路径引向阶级斗争的工人运动，无论在理论上还是在实践上均非易事。随着共产主义运动在中国开展特别是中国共产党的成立，马克思主义理论终在"劳动"问题上掌握了话语权，工人阶级成为"劳工"唯一所指，"劳动"话语也实现了其阶

---

① 中国李大钊研究会编注：《李大钊全集》第2卷，人民出版社2013年版，第358页。

级论的语义转换。

只要关注知识群体与劳动者的关系问题,肯定会想到两者如何结合的问题。在这方面,李大钊等共产主义先驱者提出了初步的却很重要的解释。他们的认识概括起来有两方面内涵:一是知识分子以体力劳动的方式与劳动者相结合,以此改造知识分子"不劳而食"的传统并消除知识分子与劳动者之间的等级界限与隔膜;二是知识分子在与劳动者相结合的过程中担负传播现代文明对劳动者进行精神改造的使命,不应该丧失知识分子的主体地位。也就是说,知识分子与劳动者的结合是双向的,劳动者对知识分子进行物质改造,而知识分子对劳动者进行精神改造。

李大钊希望在这个激变的年代里,知识分子能参加体力劳动,与劳动者打成一片,并在这一过程中改造自己"不劳而食"和与工农群众相隔离的缺点,从而发挥先驱作用。他在《知识阶级的胜利》一文中指出:"我们很盼望知识阶级作民众的先驱,民众作知识阶级的后盾。知识阶级的意义,就是一部分忠于民众作民众运动的先驱者。"① 这种思想成为未来中国革命逐步实现"走向群众"的关键。青年学生通过五四运动与群众共进退的经历,体察到群众中蕴藏着巨大的政治力量,意识到要想改变这个国家,必须依靠群众,走与群众特别是工人群众相结合的道路。这促使他们开始真正走向群众。"劳工神圣""到民间去"终成为一代青年人心中的执念。

---

① 中国李大钊研究会编注:《李大钊文集》第3卷,人民出版社1999年版,第170页。

其中比较突出的还是北京大学师生在"平民教育"方面所做的尝试和努力。早在五四运动前夕，李大钊就指导当时在北大国文门就读的邓中夏创建了"北京大学平民教育讲演团"。该社团"以增进平民知识，唤起平民之自觉心为宗旨"，主要针对的对象为贫苦民众。他们的演讲受到广大劳动群众极为热烈的欢迎，启发了群众的爱国主义觉悟，为五四运动起到思想准备作用。而其间采用的露天演讲、沿街鼓动等形式，也在五四运动中得到推广。

五四运动后，北大平民教育讲演团进行重新整顿，广收会员，扩充组织，除在城市讲演外，也开始注重到乡村、工厂讲演，受众范围扩大到工人阶级和农民群众。通过演讲，直接把新思想、新文化和马克思主义传播到社会的各个阶层。[①] 可以说，"平民教育运动"是青年学生接近劳动群众的重要表现，对他们了解国家状况、社会现实意义重大。在青年学生群体中还兴起过工读主义、新村主义等思潮，这也是青年学生走向群众的重要表现。这些活动不仅传播了科学文化知识，同时由于相当一部分初步接受了马克思主义思想的青年知识分子的积极参与，因此也宣传了马克思主义思想，唤起了劳动群众的阶级意识、国家观念和斗争精神，对马克思主义的传播，对马克思主义同中国工人运动相结合，也起到了重要作用。

开展社会调查，系统了解劳动者或者说工农群众的生活实态，

[①] 参见姜平：《邓中夏的一生》，南京大学出版社1986年版，第23—26页。

同样是这一时期青年走向群众、与广大劳动者相结合的一种重要形式。北京一些青年学生就曾到人力车工人居住区进行调查。1920年1月,《新青年》编辑部刊载了一个社会调查表,提出了向工农进行调查的详细项目和具体内容。1920年5月1日,《新青年》"劳动节纪念号"登载了大批调查报告。其中的《唐山劳动状况》就是北京大学马克思学说研究会成员和唐山交通大学进步学生合写的调查报告,这次调查对后来中国共产党人领导的唐山地区的工人运动有直接作用。①

此时之"群众"已超越一般的社会经济层面之劳动者而被视为革命中富有政治性、积极性的力量,是创造历史的决定性力量。尽管此时知识群体主要还期待找到"无产阶级工人",但在概念和表述中又被有意无意地"泛化"了,这实际上为未来走农村包围城市的革命道路,为马克思主义中国化打下了潜在的思想基础。

---

① 刘明逵、唐玉良主编:《中国近代工人阶级和工人运动》第3册,中共中央党校出版社2002年版,第677页。

第七讲　中国共产党人对劳动精神的弘扬和培育

宇文利[*]

本讲摘要：中国共产党是代表工人阶级和广大劳动群众根本利益的政党，党的阶级属性决定了她带领劳动群众争取劳动权益、植根劳动群众组织劳动运动、唤醒劳动者革命意识和觉悟的政治使命。中国共产党人对劳动精神的弘扬和培育体现为：明确无产阶级的劳动属性，声明党作为劳动阶级先进代表的政治本色；支持劳工运动，伸张劳工权益，唤起劳动者觉悟；保障劳动者权利，开展革命劳动教育，培育劳动观念；明确劳动者主人翁地位，规范劳动者角色，增强劳动者意识；继承劳动传统，提倡劳动精神，启动新时代劳动教育。

---

[*] 宇文利，北京大学马克思主义学院教授、博士生导师、副院长。

第七讲 中国共产党人对劳动精神的弘扬和培育

在 2020 年 11 月 24 日全国劳动模范和先进工作者表彰大会上，习近平强调："劳模精神、劳动精神、工匠精神是以爱国主义为核心的民族精神和以改革创新为核心的时代精神的生动体现，是鼓舞全党全国各族人民风雨无阻、勇敢前进的强大精神动力。"习近平不但揭示了劳模精神、劳动精神、工匠精神的科学内涵，而且发出了学习和弘扬劳动精神的号召，代表了新时代中国共产党人弘扬和培育劳动精神的鲜明态度。实际上，劳模精神、劳动精神、工匠精神在具体内涵上虽各有侧重，但在思想源头和实践方式上都可归于生产劳动，而劳动精神是其中的基本精神。从中国共产党百年历史看，弘扬劳动精神是中国共产党一贯的精神传统，对中国共产党人弘扬和培育劳动精神的思想历程和实践过程进行探讨，有助于更好地把握新时代劳动精神的思想理论源头和科学内涵，更好地培育新时代的劳动精神。

一、明确无产阶级的劳动属性

爆发于 20 世纪初的第一次世界大战是资本主义生产体系的内部矛盾和帝国主义掠夺发展到不可调和阶段的结果，是植根于资本主义社会内部的生产逻辑和发展危机的产物。从表面上看，第一次世界大战的胜败是国家之间的胜败，但实质上意味着资本主义生产体系和社会内部的阶级分化，包含着阶级对立以及由此产生的危机和对抗。在一定意义上说，第一次世界大战也是无产阶级革命雄壮崛起的标志线，是无产阶级在资本主义生产体系和社会矛盾中展现自身力量的重要界碑。

仅仅在一战结束后的第五天,蔡元培就喊出了"劳工神圣"的口号。大约在同一时间,积极关注国际形势、宣传十月革命和马克思主义的李大钊也在《庶民的胜利》中指出:"这回大战有两个结果:一个是政治的,一个是社会的。""社会的结果,是资本主义失败,劳工主义战胜。……须知今后的世界,变成劳工的世界。"① 也正是在这样的时代潮流裹挟和新锐思想的激荡下,早期无产阶级革命者促使劳工的阶级觉悟得到了启蒙和孕育。

在一般意义上说,劳动精神是具有普遍意义的实践精神,但是在阶级社会中,劳动精神却因阶级区分而带有鲜明的阶级特征,成为阶级差别的精神标志之一。中国共产党人是依靠和组织发动劳动群众来进行武装革命的,对劳动精神弘扬的起点,在于他们对劳动阶级所处的时代形势、阶级地位、精神状况和生存状态的发现及判定。中国广大无产阶级处在劳动生产一线并深受帝国主义、封建主义和资本主义剥削压迫的事实,决定了无产阶级的政治组织从一开始就隶属于劳动阶级,孕育了无产阶级作为劳动阶级要推翻剥削阶级的阶级觉悟和政治本色。

中国共产党是一个革命者的党,也是一个劳动者的党,从成立之日起就致力于打破一个充满剥削和异化劳动的旧世界,建立一个人人劳动、劳动光荣、按劳分配的新世界。1920 年 11 月制定的《中国共产党宣言》中明确提出,共产主义者主张废除(现行)政权,因为政权"是压迫多数劳动群众的"。中国共产党的第一个纲

---

① 中国李大钊研究会编注:《李大钊全集》第 2 卷,人民出版社 2006 年版,第 254—256 页。

领明确了党把工农劳动者组织起来的任务，第一个决议也规定了组织工人、成立产业工会、维护劳动健康的使命。

中国共产党创立后，迅速成立了中国劳动组合书记部，这是一个要把各个劳动组合都联合起来的总机关。1922年5月召开的全国第一次劳动大会更加充分地阐明了中国劳动阶级的组织使命，并发出了"全世界劳动者和被压迫人民联合起来"的号召。

中国劳动组合书记部是中国共产党领导下的工人劳动者的阶级组织，该组织对于劳动阶级的阶级地位以及劳动者劳动自觉的倡导，一方面佐证了中国共产党对自身作为劳动者代言人的确认，另一方面也展现了普遍存在于工农劳动群众中的劳动自觉和劳动意识。从劳动阶级自身的阶级觉悟看，中国共产党的上述规定无疑是其倡导劳动精神的思想源头和价值基础。

二、唤起劳动者觉悟

中国共产党的先驱者们是与社会的底层劳动群众紧密联系、互相感知的群体。一方面，他们自身要参与各种形式的劳动，对劳动本身有感悟有体验；另一方面，他们也高度关注底层劳动群众的生活和劳动状况，对其悲惨的生活境况和劳动境遇抱有强烈的集体同情心理和拯救合作意识。更为重要的是，他们以宏阔的历史视野和高度的政治关怀观察世界和中国劳动阶级的时代使命，提出了适应时代特征的对劳工阶级的价值判断，有力地唤起了劳动者的劳动觉悟和劳动使命。

1920年1月，李大钊从经济上揭示中国近代思想变动的原因时指出："现代的经济组织，促起劳工阶级的自觉，应合社会的新要求，就发生了'劳工神圣'的新伦理，这也是新经济组织上必然发生的构造。"① 同时，他旗帜鲜明地批判了"智识阶级"鄙视劳动的现象，他指出，"有一种自命为绅士的人说：'智识阶级的运动，不可学低级劳动者的行为。'这话很是奇怪。我请问低级高级从那里分别？凡是劳作的人，都是高尚的，都是神圣的"②。借此，李大钊认为"五一"纪念日本身就是劳工觉醒的日子，他主张本着自由、平等、博爱、互助、劳工神圣诸大精神，发布一种神圣的民权宣言，劳动者休息和工作的权益应与其他国家无差别地适用于中国的劳动阶级。在传播马克思主义和社会主义思想的过程中，李大钊更是先见性地把发展社会主义实业与劳动者的利益联系起来，清醒地认识到劳动者能为自身的利益而发展实业需要有一个过程。

1920年5月1日，陈独秀在《劳动者底觉悟》中指出："只有做工的人最有用最贵重。"他提出世界劳动者的觉悟分两步，并希望："我们国里底做工的人，一方面要晓得做工的人觉悟确有第二步境界*，就是眼前办不到，也不妨作此想；一方面要晓得劳动运动才萌芽的时候，不要以为第一步不满意，便不去运动。"③ 所谓劳动觉悟，也就是劳动者思想上的觉醒。这种觉醒自然是与劳动

---

① 《李大钊全集》第3卷，人民出版社2006年版，第149页。
② 同上书，第170页。
* 即要求待遇——引者。
③ 《陈独秀文集》第2卷，人民出版社2013年版，第11—12页。

者自身的状况特别是他们的切身利益和核心权利结合在一起的。李大钊、陈独秀的上述论述，无疑说明了激发劳动觉悟的前提条件，也预示着劳动精神得以培育的主体基础。唤起劳动者觉悟不仅成为早期中国共产党人关注劳动精神的集体群像，也成为无产阶级劳动精神在源起和肇始阶段的独特镜像。同李大钊、陈独秀类似，中国共产党的其他先驱者们，包括瞿秋白、蔡和森、陈潭秋、邓中夏等人，也都大体在此前后关注劳动者状况，提出劳动者应更积极地参与劳动运动的号召。

需要指出的是，尽管早期中国共产党人对劳动及劳动者觉悟的认识，与我们今天理解的劳动精神有一定距离，但却是今天我们理解劳动精神的历史前提和思想基础。从尊重历史事实的角度看，他们当年从对劳动者生存条件和劳动阶级的思想意识、阶级觉悟的角度出发来关注阶级解放和社会革命问题，无疑为激发后来最为真实、至为客观的劳动精神奠定了必要基础。

总的来看，早期中国共产党人借助"五一"劳动节谈论他们的劳动观以及他们对劳动运动的见解，显然预示着劳动精神并不是凭空存在的，也不是莫名出现的，而是与特定的时代条件、社会背景、阶级状况和实践方式联系在一起的。换言之，早期中国共产党人之所以把对劳动精神的理解与劳动阶级的解放、社会革命的开展、社会主义代替资本主义乃至走向共产主义的愿景联系起来，恰恰说明了他们在无产阶级革命时代培育劳动精神时重视社会实践要求和阶级思想特征的独特性，说明了中国无产阶级劳动精神启蒙的时代性、针对性、阶级性和实践性。

三、培育劳动观念

劳动精神是在社会生产劳动的实践中培育出来的,脱离了劳动实践就根本不可能塑造正确的劳动观念,也不可能培育出科学的劳动精神。劳动就是解放,劳动就是斗争。平民的劳动家的政党应产生出坚固精密的组织以捍卫劳动者的利益。在中央苏区时期,中国共产党于1930年通过了《中华苏维埃共和国国家根本法(宪法)大纲草案》,提出革命战争的目的是要推翻帝国主义国民党军阀的统治而建立全国工农群众自己的政权,提出苏维埃国家根本法的最大原则,并就此颁布劳动保护法令,在红军队伍和广大劳动群众中组织了独立自主、自力更生、以劳动支持革命事业的活动,借以"在事实上保障劳动群众取得这些自由的物质基础"①。

1931年11月,中华工农兵苏维埃第一次全国代表大会通过了《中华苏维埃共和国劳动法》,为维护和发展劳动者权益作出了法律保障,使得劳动成为革命的手段,成为提高工农群众增强革命积极性和创造性的途径。同年12月,中共中央通过《中央关于扩大劳动妇女斗争决议案》,明确提出了建立代表会组织、巩固妇委会领导、参加生产、出版劳动妇女刊物等针对劳动妇女的教育工作任务。显然,此时的劳动教育本质上是激发劳动群众参与和提升阶级斗争觉悟的教育,这是革命进程中劳动教育的本质与特色,也是中国共产党人组织开展劳动教育的中心任务。在这个意义上

---

① 《建党以来重要文献选编》第7册,中央文献出版社2011年版,第223页。

说，这里的劳动并不是狭隘意义上的生产劳动，而是把阶级斗争融于生产斗争的教育，是具有特定阶级内涵和革命精神的劳动教育。

在经过极其艰难的反围剿斗争后，中国共产党带领工农红军实现了长征的伟大胜利，最终达到延安，开始了长达13年的局部执政时期。在党的领导和陕甘宁边区政府的组织下，为保障经济供给，在地方和军队中都开展了独立自主、自力更生的劳动生产运动。此时，中国共产党领导的劳动革命就实现了从发动劳动者组织起来从事阶级斗争、争取劳动权益到为巩固革命政权而开展自觉生产劳动、进行劳动建权固政的转变。众所周知的南泥湾大生产运动，就是党领导下抗日军队在边区腹地开展的一场轰轰烈烈的革命大生产运动，对于提高革命队伍和工农群众的劳动觉悟、培育劳动者的革命精神和劳动意志发挥了重要作用。

正是在这种劳动生产中，中国共产党领导下的劳动运动才发生了微妙而实际性的转变。毛泽东在总结大生产运动时强调了军队生产自给六个方面的益处，其中很重要的一个就是增强劳动观念。他指出："生产自给以来，劳动观念加强了。"① 当然，即便是在延安时期，中国共产党人所主要从事的也是抵抗日本帝国主义侵略和反对国民党反动派的革命武装斗争，阶级对抗和革命斗争仍然是劳动的基本底色。不过，在陕甘宁边区局部执政条件下的生产劳动运动，无疑培育了共产党人和革命军队自力更生、艰苦奋斗的革命意志，磨炼了革命军民的劳动观念，为在日后全国执政时

---

① 《毛泽东选集》第3卷，人民出版社1991年版，第1107页。

倡导开展建设社会主义国家、捍卫社会主义制度意义上的劳动精神奠定了基础。

四、增强劳动者意识

社会主义国家是劳动者的国家，社会主义制度是依靠和保护劳动者的制度。中华人民共和国的成立，让亿万深受封建主义压迫和帝国主义剥削的劳苦大众翻身成了国家的主人。经过新中国成立初期国民经济恢复和"一化三改"的社会主义改造，社会主义制度得以建立，中国进入了社会主义社会建设时期。毛泽东深刻认识到建设社会主义的复杂性和长期性。他指出："社会主义制度的建立给我们开辟了一条到达理想境界的道路，而理想境界的实现还要靠我们的辛勤劳动。"① 从本质上看，社会主义国家和社会主义制度的建立是彻底的无产阶级社会革命的结果，带来的是社会生产力和生产关系的彻底变革，也意味着劳动人民的政治解放和政治自由。由此，新生的社会主义制度以及随后开启的社会主义建设就要把亿万人民群众作为社会主义劳动者和国家主人翁的地位明确下来，把劳动者主体角色凸显出来。

从20世纪50年代中后期开始，毛泽东在领导探索中国社会主义建设道路的过程中，反复论及劳动者的解放及接下来的任务。1955年9月，他在为《中国农村的社会主义高潮》写的按语中指出："社会主义不仅从旧社会解放了劳动者和生产资料，也解放了

---

① 《毛泽东文集》第7卷，人民出版社1999年版，第226页。

旧社会所无法利用的广大的自然界。人民群众有无限的创造力。他们可以组织起来，向一切可以发挥自己力量的地方和部门进军，向生产的深度和广度进军，替自己创造日益增多的福利事业。"① 毛泽东特别强调"普通劳动者的姿态"问题，要求任何人不论官有多大，在人民中间都要以一个普通劳动者的姿态出现。这种普通劳动者的姿态意味着人人都是平等的、脚踏实地的、自食其力的劳动者，是没有阶级差别的社会主义劳动群众的一员。这不但从经济上、政治上规定了社会主义劳动者的根本属性，也从精神上对社会主义建设者的劳动精神作出了深层次的规定。

社会主义建设是一项长期的、复杂的、综合的任务，不可能一蹴而就，也不会计日程功。邓小平指出："为了创造社会主义的幸福生活，没有极艰苦的劳动，是不可能的。我们要参加劳动，特别要积极参加工农业生产的体力劳动，因为体力劳动是社会存在和发展的基础，是最大多数人民都要担负的光荣义务。"② 在推进社会主义的事业中，劳动既是建设实践，也是创业实践。江泽民提出："我们的社会主义现代化建设还处在艰巨的创业时期。伟大的创业实践，需要有伟大的创业精神来支持和鼓舞。"③ 胡锦涛提出"以辛勤劳动为荣、以好逸恶劳为耻"的荣辱观，同时也强调："要以高度的历史使命感和主人翁责任感，以解放和发展社会生产力为己任，积极投身经济建设伟大实践。要继续发扬艰苦创业精

---

① 《毛泽东文集》第 6 卷，人民出版社 1999 年版，第 457 页。
② 《邓小平文选》第 1 卷，人民出版社 1993 年版，第 276 页。
③ 《江泽民文选》第 1 卷，人民出版社 2006 年版，第 301 页。

神,英勇劳动,勤勉敬业,奋力拼搏,竭诚奉献。"①

在进行社会主义建设进而开辟中国特色社会主义道路的进程中,中国共产党人对劳动精神的弘扬和培育既具有一贯性和持续性,也与时俱进、因时而化、因势而新,特别是在新的实践和环境中对诚实劳动、合法劳动、提升劳动者素质的强调,进一步丰富了劳动精神的内涵,成为改革开放和中国特色社会主义建设进程中劳动精神的新进展。可以说,从提倡艰苦奋斗、自力更生到提倡改革开放、创业创新,实际上都贯穿着中国共产党人对劳动精神的重视,体现着中国共产党人坚持不懈培育劳动精神的努力。

五、 提倡劳动精神

中国特色社会主义进入新时代,中国共产党人高度重视劳动精神的弘扬和培育。在继承前人关于劳动精神的提法和理念的基础上,习近平正式使用了劳动精神的说法,鲜明地提出了弘扬劳动精神的理念,开启了新时代劳动教育的新实践,为培育新时代社会主义劳动者提供了根本遵循。

第一,首次阐释了劳动精神的内涵,为弘扬新时代劳动精神提供了科学依据。2020年11月24日,习近平在全国劳动模范和先进工作者表彰大会上首次对劳动精神作出全面系统深刻阐述。他提出的劳动精神的内涵包括崇尚劳动、热爱劳动、辛勤劳动和诚

---

① 胡锦涛:《我国工人阶级的伟大使命——在中国工会第十二次全国代表大会上的祝词》,《人民日报》1993年10月25日,第1版。

实劳动。我们认为，崇尚劳动是劳动精神的思想基础，热爱劳动是劳动精神的价值情操，辛勤劳动是劳动精神的行为状态，诚实劳动是劳动精神的道德原则。简明而又系统地总结劳动精神的内涵，不但为我们准确认识和深入理解新时代党和国家大力倡导的劳动精神提供了基本遵循，也为新时代人们的劳动实践提供了有针对性、教育性和指导性的行动指针。

第二，在提出劳动精神的同时也提出了劳模精神和工匠精神，并对三种精神进行了科学定位。在提出劳动精神的同时，习近平也阐述了劳模精神、工匠精神的内涵并对三种精神进行了科学定位。他认为，劳模精神、劳动精神、工匠精神是以爱国主义为核心的民族精神和以改革创新为核心的时代精神的生动体现，是鼓舞全党全国各族人民风雨无阻、勇敢前进的强大精神动力。这个定位实际上把劳动精神和劳模精神、工匠精神一并纳入中国共产党领导创立的精神谱系中，也纳入中国精神的系统中，既强调了其民族性也强调了其时代性，是在继承传统的基础上提出的创造性的认识，也指明了三种精神的时代意义和实践价值。

第三，号召弘扬劳动精神，为社会主义建设者提供强大思想鼓舞和精神激励。2020年4月30日，在"五一"国际劳动节来临之际，习近平给郑州圆方集团全体职工回信，向他们并向全国各族劳动群众致以节日的问候。他在信中指出："希望广大劳动群众坚定信心、保持干劲，弘扬劳动精神，克服艰难险阻，在平凡岗位上续写不平凡的故事，用自己的辛勤劳动为疫情防控和经济社会发展贡献更多力量。"劳动是摆脱贫困的最可靠手段，也是创造财富的唯一途径。在劳动者节日之际倡导弘扬劳动精神，表明了中国共产党人对社会主义劳动者和建设者的关心，更为社会主义劳动精神深入发展提供了思想动力。

第四，指出弘扬劳动精神的任务，为培育社会主义合格劳动者提供思想指导。在2018年9月10日召开的全国教育大会上，习近平提出："要在学生中弘扬劳动精神，教育引导学生崇尚劳动、尊重劳动，懂得劳动最光荣、劳动最崇高、劳动最伟大、劳动最美丽的道理，长大后能够辛勤劳动、诚实劳动、创造性劳动。"学生是社会主义和共产主义事业的接班人，是中国特色社会主义劳动者和建设者的储备军。在学生中倡导弘扬劳动精神，是新时代教育的题中之义，也是劳动教育的支点和灵魂。

在此基础上，《中共中央 国务院关于全面加强新时代大中小学劳动教育的意见》提出："劳动教育是中国特色社会主义教育制度的重要内容……全面贯彻党的教育方针……坚持立德树人……把劳动教育纳入人才培养全过程，贯通大中小各学段，贯穿家庭、学校、社会各方面……创新体制机制，注重教育实效，实现知行合一，促进学生形成正确的世界观、人生观、价值观。"把弘扬劳动精神纳入教育系统中，就为新时代弘扬劳动精神找到了基本抓手和落实途径，也为培育社会主义合格劳动者和接班人提供了思想指导和思想保障。

总的看来，弘扬和培育劳动精神是中国共产党带领人民群众实现解放、获得自由的必经之路，也是建设社会主义国家、巩固社会主义制度的不二法门。百年来，中国共产党在不同时代条件下，结合革命、建设、改革和复兴的时代任务，对劳动精神有不同的理解，但倡导弘扬和培育劳动精神的传统是一贯的、持久的。弘扬和培育劳动精神，正是中国共产党人构建精神谱系、丰富精神系统、增强精神动力的郑重选择，也是中国共产党带领中国人民赢得站起来富起来、迎接强起来的精神保障。

（本文曾发表于《马克思主义理论学科研究》2022年第1期，收录本书时有改动）

第八讲 社会主义文化中的劳模精神传承

张慧瑜[*]

本讲摘要：如何表现劳动，如何传承劳动的精神，是一个理论话题，也是一个现实难题。在资本主义文化中，劳动、工厂、工业经常是不可见的，是无法被再现、无法被表现的对象。即便表现，也会把工业呈现为异化状态。在社会主义文化中，劳动是可见的，从事劳动的劳动者也是文化艺术表现的对象，社会主义文化的底色是崇尚工业文化、工业精神，把劳动变成具有美感的行为。新时代的劳模精神从掌握生产技能的体力劳动者向知识型、创新型、专家型、管理型、德才兼备型等复合型人才转变。弘扬劳模精神和工匠精神，引导人们树立恪尽职守、认真负责的职业道德理念，培育精益求精、追求卓越、淡泊名利的精神信念，有助于改变市场化背景下社会的浮躁风气，鼓励劳动者积极投身中国特色社会主义建设的伟大事业，为实现中华民族伟大复兴中国梦提供精神保障。劳模和劳动者的精神是社会主义文化的有机组成部分，是"劳动创造世界"这一马克思主义基本观点的生动体现。

---

[*] 张慧瑜，北京大学新闻与传播学院研究员、助理教授、博士生导师。

进入现代社会，人类的劳动才被认为是一种有价值、有意义的行为。可以说，劳动是现代人、现代社会的基本特征，通过肯定劳动的价值，使得现代人成为创造者，也获得人生的意义感。在这个意义上，劳动的观念与现代性、现代社会是同时产生的。但在现代文化中，劳动却是非常难以表现的，或者说劳动变成了一个无法看见的黑洞。如何表现劳动，如何传承劳动的精神，是一个理论话题，也是一个现实难题。

一、劳模精神是社会主义文化的重要构成部分

从文艺的角度看，第一部呈现劳动或者是把劳动作为表现对象的文学作品，是18世纪英国作家笛福写的《鲁滨孙漂流记》。这部小说呈现了鲁滨孙在荒岛上劳动的过程，用现实主义的手法详细展现了鲁滨孙作为文明人怎么改造荒岛、把荒岛变成现代的且适宜人居住的空间，这本身也是鲁滨孙在荒岛上殖民和现代化的过程。这个过程是通过鲁滨孙的劳动来体现的，他制造生产工具、建筑房屋、开荒种地，还改造了一个野人，赋予野人一个名字，并教他英语和信仰基督教。这些都是鲁滨孙的"劳动"成果，也就是说，鲁滨孙也在进行双重劳动：一是体力劳动，二是脑力劳动。

之后，西方文化出现了两个代表性的作品。一个是1936年上映的由卓别林导演并主演的电影《摩登时代》。卓别林非常形象地呈现了流水线上的工人和工业劳动的异化状态，即高度重复的、把人变成机器人的过程。这成为西方文化的特例和惯例。"特例"

的意思是，这是西方电影中少有的展现工厂内部和工业生产的场景，西方文化很少关注工业、生产和劳动问题，主要聚焦于如咖啡馆、家庭、街道等消费空间和作为消费者的受众。"惯例"的意思是，西方文化经常把劳动和工业劳动表现为一种异化的劳动，只要涉及劳动就是负面的，工业劳动更是压抑的、非人的。在冷战时代，工业劳动经常隐喻为社会主义国家的工业生产。

还有一个作品是西方现代主义文学先驱卡夫卡的《变形记》。其中讲到，一个公司的小职员格里高尔·萨姆沙一觉醒来发现自己变成了甲虫，格里高尔不是在工厂中变成了甲虫，而是在家里面变成了甲虫。这本身是对现代人物化及异化状态很直接的、赤裸裸的呈现，重要的是这发生在家居的环境中，而不是工厂里。

在资本主义文化中，劳动、工厂、工业经常是不可见的，是无法被再现、无法被表现的对象，即便表现，也会把工业呈现为异化状态。工业是一种让人变成机器人的过程，机器人不是智能时代的想象，工人、劳动者被想象为像机器人一样没有情感的人，如僵尸一般的人。而机器人也被想象成一种理想的劳动者，是不会罢工、不需要休息、可以永远劳动下去的人，机器人是最理想的"现代奴隶"。这是劳动在西方现代性文化中的特点。

在这个意义上讲，列宁提出来"生产宣传"的概念，对于西方资本主义文化是有针对性的。十月革命成功之后，在20世纪20年代初期，列宁提出党报党刊不要只发表大量的政治、政策方面的新闻，应该关注工业生产和经济领域。这一方面是因为当时要恢复生产，大力发展经济，党报党刊要服务于经济活动，需要从政治转向经济；另一方面列宁很清晰地提出来，在资本主义新闻中，生产是看不见的，因为资本家不让工人参与生产，也不需要工人关注生产问题，工业生产不是公共话题，而社会主义国家恰好要鼓励工人、劳动者关心生产，从而参与到生产管理中，这就需要党报党刊进行生产宣传，把生产变成看得见的领域，进而形成社会主义的生产文化、工业文化和劳动文化。

青年马克思在《1844年经济学哲学手稿》中曾提出"劳动创造了美"的理念，肯定劳动具有创造性的正面价值。劳动为什么美？劳动为什么会创造美？这是社会主义文化和美学要解决的问题。在社会主义文化中，劳动是可见的，劳动的场所如工厂、工地、车间等工业空间被打开，从事劳动的劳动者也成为文化艺术表现的对象，城市展现为工业城市、劳动的城市、建设者的城市。如果说现代资本主义文化把劳动、生产变成无法看见的黑洞、把劳动表现为一种异化状态，那么社会主义文化的底色恰好是崇拜工业文化、崇尚工业精神，把劳动变成具有美感的行为，这就是劳动创造美的问题。

在马克思主义传入中国的过程中，劳动者被赋予历史主体的位置，劳动精神被认为是一种社会创造性的力量。在中国，社会主义文化中有一种彰显劳动的文化模式，就是以评选劳模、开"群英会"的方式宣传劳模精神。从20世纪上半叶开始的大生产运动与劳模评选，到后来依托社会主义劳动竞赛和生产运动开展的劳模运动，再到劳模运动在社会主义现代化建设新时期的快速发展，直到现在强调的新时代的劳模精神，宣传劳模精神是一直没有中断的传统。只是在不同的历史时期,劳模精神强调的重点不太一样。有时候强调扎根基层的一线劳模精神,有时候强调技术技能的工匠精神,有时候强调攻克难关的科学家精神,这些都与不同的时代精神有关。

二、 新民主主义革命时期的大生产运动与劳模精神

1927年大革命失败后,中国共产党继续探索中国革命的道路。以毛泽东为代表的中国共产党人在实践中开辟了农村包围城市、武装夺取政权的道路。1931年11月7日,中华苏维埃第一次全国代表大会在江西瑞金叶坪胜利召开,中华苏维埃共和国临时中央政府正式成立。苏区的成立确立了劳动者的主人翁地位,千百年来受剥削的劳动者一跃成为社会的主人,成为苏维埃政权的领导阶级,这种社会、经济、政治和思想上的巨大变化必然引发劳动者极大的积极性和创造力。[①]

中央苏区处于贫困落后的山区,那里经济落后,群众生活困难,外加国民党军队多次对中央苏区进行反革命围剿、封锁,试图将新生的红色政权扼杀。在这种内忧外患的形势下,毛泽东等中共领导人在苏区组织了大规模的革命竞赛,发动工人农民积极参加劳动生产,用经济建设来巩固红色政权和改善人民生活。1932年3月23日,中共中央组织局发出《关于革命竞赛与模范队的问题》,号召全党用组织模范队和革命竞赛的方式开展群众工作。

---

① 姚荣启编著:《中国劳模史:1932—1979》,中国工人出版社2020年版,第17页。

从 1932 年到 1934 年红军主力长征的三年左右时间，苏维埃政府组织了多次形式丰富多样、群众广泛参与的生产竞赛和表彰活动。1933 年，在瑞金的春耕生产运动中，毛泽东出席了在武阳召开的劳模表彰大会，号召瑞金全县人民向武阳区学习，鼓励他们继续搞好夏季生产，有力地调动了中央苏区群众的工作积极性。中央苏区开展的生产竞赛、工作竞赛以及对模范人物的表彰经验，很快影响到其他建立了政权的根据地，劳动运动在不同的根据地轰轰烈烈地开展起来。

抗日战争时期，为保证战时供给，改善人民及工作人员的生活，外加 1939 年起根据地连续遭受自然灾害，财政经济遭遇严重困难，中国共产党在以延安为中心的陕甘宁边区开展了大生产运动，后逐步在各抗日根据地开展起来。伴随大生产运动的进行，劳模评选也在各边区政府展开，边区劳模运动从酝酿开始走向成熟。1939 年，陕甘宁边区政府颁布了《陕甘宁边区人民生产奖励条例》《陕甘宁边区督导民众生产运动奖励条例》《机关、部队、学校人员生产运动奖励条例》等，对奖励条件进行了明确的规定，奖品主要包括奖状奖章、文化和生活用品以及奖金等形式。1943 年 11 月 26 日，陕甘宁边区召开首届劳动英雄及模范生产工作者代表大会，并颁布了代表选举办法，对劳动模范产生的程序、名额分配和当选条件提出了明确的要求，促使劳模运动更加深入全面开展。

20 世纪 40 年代，以延安为中心发起的大生产运动和劳模评选逐步向晋冀鲁豫、晋绥、晋察冀各个抗日根据地扩展。晋冀鲁豫边区发起应对自然灾害的生产自救运动；太行区开展新劳动者运动和学习甄荣典运动，并多次召开群英大会，表彰战斗、生产、文教等各个领域涌现出来的英雄人物；晋绥边区召开多次劳动英雄表彰大会；晋察冀边区在1944年两次召开群英大会，表彰战斗英雄和劳动英雄。1944年12月22日至1945年1月14日，陕甘宁边区政府召开第二届劳动英雄及模范生产工作者大会，毛泽东在会议期间发表了《两三年内完全学会经济工作》的讲话，充分肯定了劳模的带头作用、骨干作用和桥梁作用。

根据地时期的劳模评选和"群英会"逐渐走向成熟，呈现出群众参与积极性高、劳模评选范围广泛、评选办法规范化及制度化等特点。大生产运动和劳模评选极大地激发了人民群众参与劳动生产的积极性，促进了边区经济的恢复和发展；更重要的是，在参与劳动的过程中，农民群体重新树立了劳动光荣的思想观念，群众的主体意识得以增强。

革命战争年代，物质条件极端匮乏，这一时期的劳模主要包括生产好的劳动英雄和工作好的模范工作者两大类，涌现出赵占魁、吴满有、甄荣典、刘建章等第一代劳动模范。劳模运动也呈现出从个人到集体、从生产领域到各个方面、从上级指定到群众评选、从数量增多到质量提高、从提倡号召到按规定标准予以推广、从革命竞赛到全面的群众运动的发展过程，体现了"服务战争、支援军事"的指导思想。[①]

爱岗敬业、艰苦奋斗、甘于奉献是这一时期劳模精神的核心。

---

① 陈必华、淦爱品主编：《劳模精神导论》，上海交通大学出版社2020年版，第20页。

生产运动中评选出的劳动英雄赵占魁被毛主席称为"中国式的斯达汉诺夫"。他在生产和工作中积极负责，埋头苦干，有强烈的自我牺牲精神，鼓舞了边区工人的劳动热情。吴运铎是我国兵工事业的开拓者、新中国第一代工人作家。在"一穷二白"的艰难条件下，他刻苦钻研，带领军工厂修复了大量枪械，试制了各种弹药，体现出自力更生、艰苦奋斗的精神。

1943年11月，在中共中央招待陕甘宁边区劳动英雄代表大会上，毛泽东强调，各位劳动英雄和模范生产工作者，是人民的领袖，能够领导人民，领导群众，把群众更好地组织起来。这也体现出中国共产党"群众路线"的思想。

三、社会主义革命和建设时期的劳模运动

在长期饱受战争的折磨之后，新中国成立初期，国家百废待兴，工业基础薄弱，农业经济衰败，人民生活水平低下。为恢复国民经济，我国积极进行社会主义建设，延续了革命战争时期的经验做法，依托社会主义劳动竞赛和生产运动开展了形式多样的劳模运动。1950年9月至1960年6月这近十年间，是中国劳模队伍快速发展壮大的时期，党和政府先后召开了四次大规模的全国性劳模和先进生产者代表大会，评选产生了一万多名劳模和先进工作者。

1950年9月25日，全国战斗英雄代表会议和全国工农兵劳动模范代表会议两个会议在北京同一会场同时举行，这是新中国成

立后的第一次全国劳模代表大会，共有464名劳动模范代表参会，其中来自工业战线的有208人，来自农业战线的有198人，来自部队的有58人。同年12月，李立三作《关于全国工农兵劳动模范代表会议的总结报告》，提出各地要积极进行宣传工作，传达会议精神，并对评选劳模形成固定的制度，定期举行全市性的、全国性的劳动大会，表扬和鼓励先进模范代表。新中国第一次全国劳模代表大会的胜利召开，确立了劳动模范的光荣地位，肯定了劳模的骨干作用、支柱作用、桥梁作用，确立了劳动模范的光荣称号，树立了一批时代楷模，在整个社会弘扬了尊重劳动、崇尚劳模的道德风尚。

新中国成立后的三年时间里，国内政治、经济、社会等方面日趋稳定。1952年9月，毛泽东及中共中央统筹全局，及时提出了"中国怎样从现在逐步过渡到社会主义去"的指导方针和大致设想，并逐步确立了党在社会主义过渡时期的总路线。1953年起，我国开始实行发展国民经济的第一个五年计划。在社会主义革命和建设的高潮中，全国职工群众的劳动热情空前高涨，社会主义竞赛以更加广泛的规模开展起来。中华全国总工会在中共中央、国务院的倡导下，作出了关于开展先进生产者运动的决议。1956年3月12日，《中共中央关于积极领导先进生产者运动的通知》正式发布，先进生产者运动在全国各地迅速开展起来，极大促进了我国的工业化进程。

为进一步动员广大职工积极投入提前和超额完成第一个五年计划的行动，不断提高劳动生产率，中共中央决议召开全国先进生产者会议。1956年春，重工业部、铁道部、煤矿、纺织工业以及交通运输和邮电等产业部门先后在北京举行先进生产者代表会议。4月30日，全国先进生产者代表会议在北京隆重开幕，来自全国不同产业的6000多名先进生产者、先进工作者和各界特邀人士参加了会议。会议期间，中共中央、国务院授予4703人全国先进生产者称号，授予853个集体全国先进集体称号，为全国工人阶级树立了一批学习的榜样。

1959年10月26日，新中国成立十周年之际，全国群英会在北京隆重召开，来自全国各地各条战线的6000多名建设社会主义的英雄模范人物，代表全国工业、交通运输、基本建设、商业、财政、金融等部门近30万个先进集体和300多万名先进工作者齐聚人民大会堂。大会分不同行业进行会议交流和现场交流，把单位和个人的经验推广至行业乃至全社会，有力地推动了劳模运动的开展。

1960年6月1日，全国文教群英会在人民大会堂隆重召开。这是新中国成立以来召开的第一次文教战线的盛会，大会表彰了教育、文化、卫生、体育、新闻等方面的先进模范人物，对全国文教战线的事业起到了动员和激励作用。全国文教群英会后，文化和艺术领域的工作者创作推出了一批精品。电影《红色娘子军》、著名诗人贺敬之创作的长诗《雷锋之歌》，以及反映中国革命历史的大型音乐歌舞史诗《东方红》等，都成了经典之作。

新中国成立前十年的劳模评选和先进生产者运动产生了新的社会主义制度下的第一代英模。这一时期的劳模既有在生产一线岗位成才的知识型、创新型技术工人,也有科研战线的领军人物。"一不怕苦、二不怕死"的硬骨头精神和"老黄牛"形象是他们的真实写照;提高操作技能和熟练程度、提升技术水平和生产能力、提出合理化建议和总结推广先进经验、从生产型向技术革新型转变是这一时期劳模们的典型特征。①

这一时期的典型先进模范代表人物有"高炉卫士"孟泰、"铁人"王进喜、"宁肯一人脏,换来万人净"的时传祥等。他们在工作岗位上埋头苦干,不为名、不为利,一心为了建设新中国,体现出作为主人翁的强烈责任感。这一阶段,劳模队伍的迅速壮大及其具有的示范引领作用,为国民经济的恢复、社会主义建设在各条战线的起步与发展作出了重大贡献。

四、改革开放和社会主义现代化建设时期的劳模发展

从 1960 年 7 月至 1977 年 3 月,受各种因素的影响,全国性的劳模评选活动停滞了近 17 年。其间,已有的劳模队伍出现了年龄老化、待遇下降,甚至部分人员遭受孤立、讽刺、打击等问题。②随着"文化大革命"的结束,为适应改革开放新时期社会主义现代化建设的需要,进一步解放生产力,发展生产力,劳模工作得到了恢复发展,劳模队伍迎来了新中国成立后的第二次发展高潮。

---

① 陈必华、淦爱品主编:《劳模精神导论》,上海交通大学出版社 2020 年版,第 33 页。
② 王永玺、张晓明:《简述中国劳模的历史发展》,《北京市工会干部学院学报》2010 年第 3 期。

从 1977 年 4 月至 1979 年 12 月，中共中央和国务院连续召开了五次全国性的劳模大会，共产生了来自工业、科技、财贸、交通、基本建设、农业、教育、卫生、科研等领域的 2000 多名劳模和先进工作者。

改革开放之后，中国社会实现了从计划经济体制向社会主义市场经济体制的转变，同时，整个社会的思想观念发生了相应改变，劳模队伍也在与时俱进。这主要表现在："一是劳模评选标准更加具有时代特征。如在政治上坚持四项基本原则，在经济上是先进生产力的代表，在工作事业上有重大贡献，在职业活动中具有高尚的道德品质等。二是劳模来源范围更加广泛。随着人们对劳动认识的深化，劳动者的概念得到丰富，外延得到扩大，劳模的来源范围涵盖体力劳动、脑力劳动、物质生产、精神生产、社会建设、科研活动、管理实践等各个领域，遍及经济社会发展的各个方面。三是劳模构成更加复杂多样。工人阶级、农民阶级、新社会阶层的成员都成为劳模的来源，劳模的构成包括一线工人、进城务工人员、高级技工、企业管理者、专家学者、公务员、民营企业家、私营业主、教育工作者、体育明星、在华外国人等多个社会群体，覆盖老中青各个年龄层次。四是劳模评选方式更加科学民主。劳模评选走群众路线，坚持公开、公平、公正原则，充分发扬民主，广泛听取意见，主动接受各方监督，充分保障和扩大了人民群众和社会各界对劳模评选的知情权、参与权、选择权和监督权，评选过程更加程序化、民主化、科学化，形成了基层单位群众推选、相关部门联合审查、主管工作机构审批、进行社会公示监督等各个环节有机统一的评选机制。"①

除了评选方式的变化,劳模精神的内涵也在不断丰富。邓稼先曾参加组织和领导我国核武器的研究、设计工作,是我国核武器理论研究工作的奠基者之一,是中国核武器研制与发展的主要组织者、领导者,被称为"两弹一星元勋";郭明义是新时期学习实践雷锋精神的优秀代表,在他身上集中体现了鞍钢优秀的企业文化、钢铁产业工人的可贵品质和中华民族的传统美德,他是社会主义和谐社会的坚定实践者,是雷锋精神、孟泰精神的传承者,是新一代的道德楷模。各行各业的劳模继承了老一代劳模吃苦耐劳、无私奉献的"老黄牛"精神,同时发扬出改革创新、开拓进取、与时俱进的劳模精神,出现了"蓝领专家"孔祥瑞、"人民英模"吴仁宝、新时代"活雷锋"徐虎、"知识工人"邓建军等一批劳动模范和先进工作者,带动群众锐意进取,积极投身改革开放和社会主义现代化建设。

五、 中国特色社会主义新时代的劳模精神

进入新时代以来,劳模精神与时俱进,不断丰富发展出新的时代内涵。2015 年 4 月 28 日,习近平在庆祝"五一"国际劳动节暨表彰全国劳动模范和先进工作者大会上的讲话中指出:"劳动模范和先进工作者是坚持中国道路、弘扬中国精神、凝聚中国力量的

---

① 王永玺、张晓明:《简述中国劳模的历史发展》,《北京市工会干部学院学报》2010 年第 3 期。

楷模，他们以高度的主人翁责任感、卓越的劳动创造、忘我的拼搏奉献，为全国各族人民树立了学习的榜样。'爱岗敬业、争创一流，艰苦奋斗、勇于创新，淡泊名利、甘于奉献'的劳模精神，生动诠释了社会主义核心价值观，是我们的宝贵精神财富和强大精神力量。"

2019年9月29日，中华人民共和国国家勋章和国家荣誉称号颁授仪式在人民大会堂隆重举行。授予于敏、申纪兰、孙家栋、李延年、张富清、袁隆平、黄旭华、屠呦呦"共和国勋章"，表彰其在中国特色社会主义建设和保卫国家中做出巨大贡献、建立卓越功勋。2020年11月24日，全国劳动模范和先进工作者表彰大会在北京召开，会上宣布了《中共中央 国务院关于表彰全国劳动模范和先进工作者的决定》。决定指出，2015年以来，各行各业涌现出一大批爱岗敬业、锐意创新、勇于担当、无私奉献的先进模范人物，党中央、国务院决定，授予1689人全国劳动模范称号，授予804人全国先进工作者称号。习近平在本次表彰大会上的讲话深刻阐释了新时代劳模精神、劳动精神、工匠精神的内涵。

随着时代变迁，劳模评选的标准、范围不断变化。新时代的劳模从掌握生产技能的体力劳动者向知识型、创新型、专家型、管理型、德才兼备型等复合型人才转变。弘扬劳模精神和工匠精神，引导人们树立恪尽职守、认真负责的职业道德理念，培育精益求精、追求卓越、淡泊名利的精神信念，有助于改变市场化背景下社会浮躁风气，鼓励劳动者积极投身中国特色社会主义建设的伟大事业，为实现中华民族伟大复兴的中国梦提供了精神保障。

进入新时代以来,我国工人阶级和广大劳动群众在实现中国梦伟大进程中拼搏奋斗、争创一流、勇攀高峰,为决胜全面建成小康社会、决战脱贫攻坚发挥了主力军作用,用智慧和汗水营造了劳动光荣、知识崇高、人才宝贵、创造伟大的社会风尚,谱写了"中国梦·劳动美"的新篇章。劳模和劳动者的精神是社会主义文化的有机组成部分,是"劳动创造世界"这一马克思主义基本观点的生动体现。

第九讲 马克思主义劳动价值论审视下的人工智能

封世蓝[*]

本讲摘要：当今世界正在经历新一轮科技革命和产业变革，围绕着人工智能展开的新技术、新业态已成为实现经济社会发展的强大技术支撑。人工智能技术让人们的生产生活变得高效、便捷、安全，也在社会上引发了关于就业冲击、劳动控制、伦理道德等问题的担忧。一些智能机器人取代了人工，从表象上看，似乎智能机器人也可以创造价值。但事实上，手工、机械化、智能化，归根到底还是生产资料，机器和人工智能都是生产过程中物的因素，都是人创造出来的技术现象。人工智能本质上仍然是机器，属于生产资料范畴。不是人工智能对人的取代，而是人发展了机械工具，延长了自己的劳动范围和劳动能力。在人工智能的社会主义应用下，机器只是解放劳动力，不是替代劳动力。人工智能技术创造的巨大财富，其最终目的是促进人的全面发展，实现全体人民共同富裕。

---

[*] 封世蓝，北京大学马克思主义学院助理教授、博士生导师。

人工智能技术已经渗透进人们生产生活的方方面面，给人类社会带来了诸多变化。当前的人工智能在本质上仍然属于机器，使其区别于以往机器的点正在于"智能"——这一方面造就了人工智能的高效率，另一方面也引发了广泛的争议和思考：机器的"劳动"和我们人类的劳动是否有区别？机器的"劳动"是真正的劳动吗？越来越发达的人工智能，最后会替代人类劳动吗？人工智能的劳动对马克思主义的劳动价值论构成了什么样的冲击？基于人工智能技术给人类社会带来的新发展和新挑战，我们需要回到劳动价值论的本源，按照马克思主义政治经济学的逻辑，分析人工智能的"劳动"与人类劳动的区别与联系，搞清楚马克思主义劳动价值论的内在逻辑和时代价值。

一、古典政治经济学的劳动价值论

马克思主义的劳动价值论，是在批判地吸收借鉴古典政治经济学劳动价值论的基础上形成的。古典政治经济学中对劳动价值论的认识主要可以分为两种：一种是劳动价值的"度量说"，代表人物是英国古典政治经济学家威廉·配第；另一种是以亚当·斯密和大卫·李嘉图为代表的劳动价值"源泉说"。

配第在1662年出版的《赋税论》中使用银和小麦交换的例子，说明"度量说"的观点："假设有一个人，他从秘鲁地里取得一盎斯银带到伦敦来所费的时间，恰好和他生产一蒲式耳小麦所要的时间相等，前者便成了后者的自然价格。现在假设有新的更丰饶的矿坑发现了,以致二盎斯银的获得,和以前一盎斯银的获得,是同样便易,则在其他情形相等的情形下,现在小麦一蒲式耳十先令的价格,和以前一蒲式耳五先令的价格,是一样便宜。"①

配第通过一盎司银和小麦交换的例子,认为劳动可以作为衡量商品价格的标准,劳动之比用以衡量商品的交换价值,提出了自然价格的概念,可见他已经对劳动价值有了一个初步的认识。正如马克思对此的评价:"配第在他的《赋税论》(1662年第1版)中,对商品的价值量作了十分清楚的和正确的分析。他首先用耗费同样多的劳动来生产的贵金属和谷物具有同等价值的例子来说明价值量。"②

但是,配第劳动价值学说最大的问题是,他认为劳动只是商品价格的计价单位,他所谓的"劳动是财富之父,土地是财富之母"③,实际上是认为任何商品都能够拆解为一定数量土地和劳动的组合,土地和劳动只是商品的计价物。配第劳动价值论的"度量说",最终陷入了劳动和土地共同创造价值的二元论的泥潭。

在配第的基础上,古典经济学的代表人物亚当·斯密和大卫·李嘉图提出了劳动价值论的"源泉说"。他们认为劳动是价值产生的源泉,例如斯密提到的"劳动是衡量一切商品交换价值的真实尺度"④,实际上是认为市场上用于交换商品所包含的劳动,是

---

① 转引自马克思:《剩余价值学说史》第1卷,人民出版社1957年版,第4页。
② 《马克思恩格斯文集》第9卷,人民出版社2009年版,第244页。
③ 马克思:《资本论》第1卷,人民出版社2004年版,第56—57页。
④ 亚当·斯密:《国民财富的性质和原因的研究》上卷,郭大力、王亚南译,商务印书馆1972年版,第26页。

商品价值产生的源泉:"一个人是贫是富,就看他能在什么程度上享受人生的必需品、便利品和娱乐品。但自分工完全确立以来,各人所需要的物品,仅有极小部分仰给于自己劳动,最大部分却须仰给于他人劳动。所以,他是贫是富,要看他能够支配多少劳动,换言之,要看他能够购买多少劳动。一个人占有某货物,但不愿自己消费,而愿用以交换他物,对他说来,这货物的价值,等于使他能购买或能支配的劳动量。因此,劳动是衡量一切商品交换价值的真实尺度。"① 尽管斯密区分了商品的使用价值和交换价值,但他忽略了两者的内在联系,即使用价值是交换价值的物质承担者。

  李嘉图的劳动价值论在某些地方比斯密前进了一步,他认为商品生产的难易程度将最后决定商品的交换价值,这实际上包含了社会劳动的思想。但这同样存在问题,李嘉图将间接劳动同直接劳动一起包含在形成商品价值的劳动中,从而得出物化劳动也能创造价值的错误观点:"一切商品的交换价值都随着生产困难的增加而上涨。因此,如果生产谷物时,由于需要更多的劳动而发生新困难,而生产金、银、呢绒、麻布等等却不需要更多的劳动,谷物的交换价值同这些东西对比,就必然要上涨。反之,谷物或其他任何商品,其生产的便利程度增进,可以用较少劳动提供同样的产品,则其交换价值将降低。我们这就看到,农业或农具的改进,会降低谷物的交换价值;与纺织有关的机器改进,会降低纺织品的交换价值;在采矿中的改进,或由于贵金属有了新发现

---

① 亚当·斯密:《国民财富的性质和原因的研究》上卷,郭大力、王亚南译,商务印书馆1972年版,第26页。

的丰富矿源,会降低金银的价值,也就是说,会提高一切其他商品的价格。只要竞争是能充分发挥作用的,商品的生产是不受大自然的限制的,例如某些酒类的生产,则最终支配这些商品的交换价值的,将是其生产的难易程度。"①

　　一切商品的交换价值都随着生产困难的增加而上涨。假如谷物生产由于需要更多的劳动遇到了新的困难,而生产金、银、布、麻等却不需要更多的劳动,那么谷物的交换价值比起那些东西来必定要上涨。相反,如果谷物或其他任何商品的生产条件改善了,使用较少的劳动可以提供同样的产量,那么它的交换价值将会下降。由此可见,农业的改进或者农具的改革,会降低谷物的交换价值;棉纺织机器的革新,会降低棉制品的交换价值;同样,采矿业的改进或更富饶的新的贵金属矿山的发现,会降低金银的价值;换个讲法,就是提高其他一切商品的价格。凡是竞争可以发挥作用的地方,而且商品的生产像某些种酒那样不受自然的限制,那么它们生产的难易程度将最后决定商品的交换价值。

二、马克思对劳动价值论的继承发展

　　马克思在批判地继承了斯密和李嘉图理论的科学成分的基础上,从根本上改造了劳动价值论。马克思的劳动价值论是建立在商品价值理论基础上的。在他看来,商品是用来交换的,是能够

---

① 斯拉法主编:《李嘉图著作和通信集》第 4 卷,蔡受百译,商务印书馆 1980 年版,第 20—21 页。

满足人们某种需要的劳动产品，商品具有使用价值和价值，使用价值是指商品能够满足人的某种需要的有用性，价值是凝结在商品中的无差别的一般人类劳动。商品的二因素是由生产商品的劳动二重性决定的。马克思通过对商品二因素的分析，引出了劳动二重性，也就是具体劳动与抽象劳动的区别，劳动二重性是马克思首先批判并证明了的，这是理解马克思主义政治经济学的枢纽。在此基础上，马克思提出了劳动是价值的唯一源泉的正确论断。马克思以此为理论前提，进一步发展出剩余价值、资本积累等一系列理论，构建起马克思主义政治经济学的理论大厦。

  劳动二重性是马克思劳动价值论的基本原理。所有商品都是由商品生产者的劳动生产出来的，生产不同种类的商品，需要不同种类的劳动，比如生产木器需要木匠的劳动，生产铁器需要铁匠的劳动，这种生产一定使用价值的具体形式的劳动就是具体劳动，它反映的是人与自然之间的关系。但不同的商品之所以能够交换，是因为其中存在着一种共同的、同质的东西——价值，那么生产价值的就是撇开一切具体形式的、无差别的一般人类劳动，即人的脑力和体力的耗费，它体现着商品生产者之间的社会关系。马克思指出："完全不同的劳动所以能够相等，只是因为它们的实际差别已被抽去，它们已被化成它们作为人类劳动力的耗费、作为抽象的人类劳动所具有的共同性质。"[①] 商品交换过程，本质上是交换商品生产者彼此的劳动，比如说用可乐换牛奶，二者之所以能交换，是因为其中凝结了等量的人类劳动，交换的实质是生产可

[①] 马克思：《资本论》第 1 卷，人民出版社 2004 年版，第 91 页。

乐和生产牛奶的劳动之间的交换。

就像使用价值和价值是对立统一的一样，创造商品使用价值的具体劳动和形成商品价值的抽象劳动也是对立统一的。两者的统一性表现在：具体劳动和抽象劳动是生产商品的同一劳动的两个方面，不是两次劳动，也不是独立存在的两种劳动。比如说生产桌子的过程中，具体劳动和抽象劳动是同时进行的，而不是先进行具体劳动，再进行抽象劳动。具体劳动转移了生产资料的价值，木料变成了桌子，抽象劳动是新创造的价值，所以桌子的价值既包含木料的价值，也包含新创造的价值。

因此，使用价值是价值的物质承担者，抽象劳动创造价值必须借助于创造使用价值的具体劳动来实现。两者的矛盾性表现在：具体劳动是从生产商品的劳动的有用性和具体形式来考察的，而抽象劳动恰恰是抽掉了劳动的有用性和具体形式；具体劳动在性质上是不同的，而抽象劳动在性质上是相同的，只有量上的差别；具体劳动是劳动的自然属性，而抽象劳动是劳动的社会属性。

我们需要更全面地分析具体劳动和抽象劳动的区别，以辨析劳动的二重性（详见表 9-1）。第一，具体劳动是在一定具体形式下进行的劳动，这是由它所创造的使用价值表现出来的；抽象劳动是抽去具体形式的一般人类劳动，这是由它所形成的价值表现出来的。第二，具体劳动是性质不同的劳动，它的独立化形成社会分工，表现的是怎样劳动、什么劳动的问题；抽象劳动在性质上是相同的，只有量的差异，表明的是劳动量、劳动时间长短的问题。第三，具体劳动反映了人与自然的关系，是私人劳动；抽象劳动反映了商品生产者之间的关系，是社会劳动。第四，具体劳动是不以一切社会形式为转移的人类生存条件，而抽象劳动是历史的范畴。第五，生产力始终是具体劳动的生产力，与抽象劳动无关。

表 9-1 具体劳动与抽象劳动的区别

	具体劳动	抽象劳动
含义	在一定具体形式下进行的劳动	抽去具体形式的一般人类劳动
性质	不同质的人类劳动	同质的人类劳动
结果	创造使用价值	创造价值
表现	怎样劳动、什么劳动；私人劳动	劳动量、劳动时间长短；社会劳动
永恒与否	不以一切社会形式为转移的人类生存条件	历史的范畴
与生产力的关系	有关	无关

在劳动二重性学说的基础上，马克思建立起了劳动价值论与价值规律之间的关系。马克思批判了古典经济学家将资本主义社会生产视作永恒的错误观点。在他看来，价值和交换价值是具有历史性质的生产关系，在不同的历史阶段表现出不同的特点。在鲁滨孙的世界，也就是原始社会中，有劳动分配，但不需要交换，所以不存在价值和交换价值。而在商品经济时代，也就是马克思分析的建立在私有制与社会分工基础之上的资本主义社会中，私人生产者通过商品交换和交换价值，实现彼此间的劳动交换关系。资本主义下的商品生产与交换，实际上就是彼此劳动的交换。到了未来社会，建立在生产资料社会所有的基础之上，不需要商品交换作为媒介，可以直接实现人与人之间的劳动交换关系。进一

步地，基于资本主义的交换关系，交换价值在全社会范围内分配劳动，促使社会分工的形成。不同的私人劳动以交换价值的形式转化为社会劳动的各个部分。

那么价值量是如何决定的呢？马克思认为，给定使用价值的社会需求，价值量由现有条件下生产该使用价值的社会必要劳动时间决定。同时，马克思还区分了不同性质的劳动，认为劳动可以分为简单劳动与复杂劳动。同一时间的复杂劳动等于数倍的简单劳动。就比如参与人工智能设计的脑力劳动，不仅作为一般劳动在价值创造中起着重要的作用，而且作为更高层次的复杂劳动，创造的价值要远远高于相同时间的简单劳动。

回到对资本主义商品社会的分析中来，马克思建立了商品二因素与劳动二重性的理论联系。商品中既包含着创造使用价值的具体劳动，又包含着形成价值的抽象劳动，正如马克思在《资本论》中总结的："一切劳动，一方面是人类劳动力在生理学意义上的耗费；就相同的或抽象的人类劳动这个属性来说，它形成商品价值。一切劳动，另一方面是人类劳动力在特殊的有一定目的的形式上的耗费；就具体的有用的劳动这个属性来说，它生产使用价值。"①我们需要明确的是生产商品的劳动是价值实体，价值是人类一般劳动的凝结，离开了人的活劳动，其他任何要素都不能创造价值。这是对商品属性、价值源泉的科学认识，也是马克思主义政治经济学与其他经济学说的重要区别，是马克思主义政治经济学科学性和革命性的突出体现。

---

① 马克思：《资本论》第 1 卷，人民出版社 2004 年版，第 60 页。

三、 人工智能并没有证伪劳动价值论

从第一次工业革命的"蒸汽时代"到第二次工业革命的"电气时代",再到第三次工业革命的"信息时代",直到我们正在经历的第四次工业革命"人工智能时代",生产资料的发展产生了历史性的变迁。每一次生产资料的变革都会给人类社会带来巨大的冲击,创造无数新机遇,也引发无数新问题。当前,人工智能的发展同样如此。

在人工智能广泛应用的今天,人类劳动会被替代吗?劳动价值论强调劳动是价值实体,所有的价值都是由人的劳动创造的。从小商品生产到机械化大生产再到信息时代的人工智能,生产资料经历了历史性的变革,但是人与生产资料结合创造价值的本质并没有发生改变。人工智能技术属于机器的范畴,本质上是生产资料,人工智能原本就是凝结了人类劳动的创造物,机器的"劳动"不是真正的劳动,不能创造价值,也不能替代人类劳动。

可以看到,24小时无休、出错率极低的机器人,大量压缩了工厂所需的工人数量。发展到未来,原本几百万人的工厂,最后可能只需要几万甚至几千个工人就足够了。但事实上,机器人全面替代工人并不容易,这个过程面临着巨大的研发成本和漫长的机器调试过程等诸多挑战。这些挑战的解决都离不开人的劳动。这需要更多的创意、具有更多知识和技能的人才,通过劳动赋予人工智能新的技术,这也是生产力发展的必然要求。

第九讲 马克思主义劳动价值论审视下的人工智能

当今,一些智能机器人取代了人工,从表象上看,似乎智能机器人也可以创造价值。但事实上,手工、机械化、智能化,归根到底还是生产资料,机器和人工智能都是生产过程中物的因素,都是人所创造出来的技术现象。我们一定要明确劳动力的概念:"我们把劳动力或劳动能力,理解为一个人的身体即活的人体中存在的、每当他生产某种使用价值时就运用的体力和智力的总和。"[①] 劳动力概念的关键词在于活的人体,无论机器发展到何种程度,人的劳动依然是价值创造的唯一源泉。

当然,仅仅依靠人自身所形成的劳动能力是有限的,一部人类发展史,就是不断利用技术手段增强劳动能力的历史。人工智能和以往的其他机器一样,都是人类器官的延长,是对人的劳动能力的增强。人工智能直接进行的服务性活动,本质上是人工智能技术研发与应用团队的劳动,而并非人工智能自身的劳动。

《资本论》可以给我们一些更为明确的启示,该书用大量的篇幅揭示了机器的资本主义应用对工人就业的排挤,这与当前人工智能的应用造成某些行业的失业率上升一般无二。但马克思同时指出:"机器本身对于工人从生活资料中'游离'出来是没有责任的。……这些矛盾和对抗不是从机器本身产生的,而是从机器的资本主义应用产生的!因为机器就其本身来说缩短劳动时间,而它的资本主义应用延长工作日;因为机器本身减轻劳动,而它的资本主义应用提高劳动强度;因为机器本身是人对自然力的胜利,而它的资本主义应用使人受自然力奴役;因为机器本身增加生产

[①] 马克思:《资本论》第 1 卷,人民出版社 2004 年版,第 195 页。

者的财富,而它的资本主义应用使生产者变成需要救济的贫民,如此等等。"① 问题的关键在于制度,即以人工智能为手段创造的巨量财富为谁所占有。如果人工智能创造出的财富为少数私人占有,即人工智能的资本主义应用,其目的就是要将劳动者尽可能多地"清除"出生产过程从而增加相对剩余价值量,那就会人为制造出更多的失业者或"无用阶级",这实际是延续了"机器使劳动力贬值"的过程。

如果人工智能创造出的财富为全社会占有,即人工智能的社会主义应用,那么在马克思的逻辑中,这种应用就可以通向人的自由全面发展,意味着进入一种以人为中心的新型工作体系,在此基础上人去从事一切有利于自己身心健康和自由发展的活动,包括终身学习和娱乐锻炼。人工智能如同未被驯化的马匹,能量惊人,用好了造福百姓,用不好便是脱缰野马,后果不堪设想。法国经济学家托马斯·皮凯蒂撰写的《21世纪资本论》一书,反驳了经济增长会自动解决分配问题的流行观点,描述了当前资本主义国家中劳动和资本在收入分配、财富积累和全球价值中的不平等问题,指出经济和技术的进步不一定意味着民主和平等,技术本身没有道德性,政治力量才是决定性的因素。

与此相对,中国的纪录片《探寻人工智能》则讲述了一系列人工智能创业人物的故事,展现了他们通过自己的研发劳动,将人工智能技术应用于对美好生活的追求。机器时代的工人失业以

---

① 马克思:《资本论》第1卷,人民出版社2004年版,第508页。

及人与生产资料的对抗，盖源于不合理的社会制度下对机器的滥用。当我们面对作为机器发展延长线上的人工智能时，与其质疑人工智能有可能从技术上"反对"人或与人对立，不如批判资本对这一技术唯利是图的开发目的和使用动机。在摆脱以资本唯一驱动的不合理制度、踏入社会主义制度后，人工智能才能被人纳入使用的正轨，成为为了人的自由和全面发展服务的手段。

我们要深刻认识加快发展新一代人工智能的重大意义，促进其同经济社会发展的深度融合，推动我国新一代人工智能健康发展。我们不反对技术进步，而是要更加明确技术进步带来的生产力提升，其最终目的是解放劳动力、促进人的全面发展，最终实现全体人民共同富裕，这是社会主义国家人工智能应用的旨归。

第十讲 智能系统的"劳动"与人的劳动权利

孙伟平[*]

本讲摘要：人类正在经历农业革命、工业革命之后的又一次重大的经济和社会变革——信息或智能革命。智能系统的"类人智能"和劳动能力日益增强，正在取代人类承担越来越多的劳动任务和劳动职责。这不仅导致"数字穷人"日益丧失劳动的机会和权利，造成波澜壮阔的"技术性失业"潮，而且令"数字穷人"沦落为尴尬的"无用阶层"，被经济和社会体系排斥在外，存在变得荒谬化。因此，必须破除"资本的逻辑"和"技术的逻辑"及其联盟，建立"全体人民当家作主""以人为本"的政治制度；彻底消除旧式分工和压抑性的强迫劳动，通过人机之间、人与人之间的新型分工体系，保障所有人享有平等的劳动机会和劳动权利；同时，大幅缩减每个人的必要劳动时间，持续提升包括"数字穷人"在内的全体人民的劳动技能和劳动效率，在生产实践和社会服务等领域构建更高层次的"人机共同体"和人机文明。

---

[*] 孙伟平，上海大学马克思主义学院、哲学系教授，博士生导师。

人类正在经历农业革命、工业革命之后的又一次重大的经济和社会变革——信息或智能革命。社会信息化、智能化与以往革命的一个重要不同之处，就在于人工智能是对人类智能的模拟、延伸和超越，是前所未有的具有革命性、颠覆性的高新科学技术；智能系统的"类人智能"和自主性日益增强，正在获得日益多样化、日益强大的"劳动能力"，正在取代人类承担越来越多的劳动任务和劳动职责。这一切诚然有力地推动了经济和社会的发展，对人的劳动解放和自由全面发展具有积极意义，但其导致的一系列既新颖又严峻的经济和社会后果，正在深刻地影响广大劳动者的生存境遇、就业前景、劳动权利和幸福指数。对此，我们有必要进行全面、深入的分析。

一、智能系统的"劳动"与"劳动优势"

基于信息科技，特别是人工智能的快速发展和广泛应用，人类正在建设农业社会、工业社会之后的新型高科技社会——智能社会。以智能机器人为代表的智能系统的"认知"水平日益提高，自主性和自主等级日益增强，正在尝试开展越来越复杂、越来越多样化的活动。虽然人工智能是否具有"意识"或"思维"，人工智能是否可能通过图灵测试，智能系统的活动是否可以称为"劳动"，智能系统能否成为"劳动主体"，智能系统能否担负"劳动责任"，智能系统是否应该享有"劳动权利"等问题十分敏感，社会各界对此存在广泛且巨大的争议，从理论上给出令人信服的判断为时尚早，但毋庸置疑的是，智能系统确实与农业时代和工业时代那种仅仅增强或扩展人类能力、纯粹作为工具的机器存在实质性的差别。

智能系统至少是一种特殊的、经过了实质性"升级"的复杂机器，它正"进化"得越来越"聪明"，越来越具有"类人智能"和自主性，正在获得越来越强大的"劳动能力"，大规模走进经济和社会各领域，替代人类承担越来越多的劳动任务和劳动职责。一方面，智能系统可以拥有远超人类的体力和耐力，各种专用机器系统正在接替"蓝领工人"承担大量的体力劳动，特别是那些人类不情愿承担的脏、累、苦的工作，机械、重复、乏味的工作，以及有毒、有害、危险环境中的工作。另一方面，有些专业化的智能系统在一定程度上已经超越了人类智能，正在向一些曾被认为"专属于人类"的脑力劳动领域进军。例如，基于深度学习等算法技术的智能系统正在尝试咨询服务、"授业解惑"、新闻报道、诊疗手术、审案断案、文艺创作、舞台表演……甚至以智能基础设施和"智能技术范式"为基础，接管原本属于人类的管理、监督、评价、决策等权力，逐渐表现出令人叹服的生产、服务和"管理"技能。我们不难发现，随着经济和社会的快速信息化、智能化，智能系统的"劳动能力"正在与日俱增，已经初步表现出相对于普通劳动者的"劳动优势"。

首先，与不断创新的智能系统相比，普通劳动者的劳动技能日益处于劣势。工业革命时期，机器就在体力、速度、耐力等方面超过了普通劳动者，在现代工业中甚至成为生产的主要承担者。

在"智能技术范式"所建构的智能经济和社会体系中，智能系统的复杂程度、劳动技能更是机械化的机器所无法比拟的。它们不仅具有以往机器的全部功能，而且可以自动接受指令、及时做出反应，自主承担或完成一定的工作职责，并且表现出连人类都难以企及的"协作能力"。普通劳动者即使通过比较长时间的学习、培训和钻研，掌握了一定的知识和技能，往往也还是难以理解、控制既复杂又精密的智能系统，难以与专业化的智能机器人同台竞争，难以跟上智能系统日新月异的更新速度。与智能系统的数据越来越丰富、联系越来越多样、网络越来越庞杂、技能越来越专精、反应越来越机敏、协作越来越"默契"等相比，普通劳动者显得越来越"原始"、笨拙甚至愚钝。目睹各种智能系统有条不紊地日夜忙碌，普通劳动者有时即使希望人机协作、参与一些辅助性的工作，往往也感觉力不从心。

其次，与普通劳动者的劳动态度相比，智能系统堪称任劳任怨。自人类历史上出现阶级分化，出现生产资料私人所有者主导的不合理的社会分工，"劳动阶级"的劳动就被异化了。"在奴隶劳动、徭役劳动、雇佣劳动这样一些劳动的历史形式下，劳动始终是令人厌恶的事情，始终表现为外在的强制劳动，而与此相反，不劳动却是'自由和幸福'。"[①] 不仅如此，传统意义上的普通劳动者还需要糊口养家、维持劳动力的再生产，希望不断改善生存条件，提高生活品质，因而他们不可能不计较劳动环境、劳动时间和劳动待遇。事实上，他们多年来也一直在通过风起云涌的劳工

---

① 《马克思恩格斯文集》第8卷，人民出版社2009年版，第174页。

运动不懈地进行争取。而各种智能系统没有自己的利益考量,没有阶级或政治属性,生存动机和生存需要相对"单纯",甚至可以说是无欲无求、无忧无虑。它们在工作中"勤劳踏实""任劳任怨""不计报酬""不讲条件"……各种专用的智能系统甚至就是"为劳动而生"的,不知疲倦地"劳动至死"是其"生存的要诀"。因为一旦丧失了劳动技能,一旦无法完成劳动任务,它们也就丧失了存在的理由。

再次,与普通劳动者相比,智能系统恪守劳动纪律,劳动状态更好。受制于劳动价值观的差异和对工作纪律的认知,以及情绪、情感、意志等主观因素的影响,普通劳动者的劳动态度和投入程度参差不齐,专注程度存在身心方面的极限。他们劳动时间的安排需要劳逸结合,张弛有度;即使这样,有时也难以避免因为主观因素制造残次品,甚至酿成工作事故。而智能系统具有"钢铁般"的身体和意志,能够维持比较恒定的劳动状态。它们不像自然人那样易于疲劳,可以长时间地专注于劳动过程,特别"擅长"从事那些人们厌恶的又苦又累、单调重复、枯燥乏味的工作。它们不会出现"思想波动"和情绪化,更没有酗酒、吸毒、赌博之类恶习,可以一丝不苟地遵守劳动规程和工作纪律。当一项工作"交给"智能系统之后,如果系统通过不断改进日趋成熟,那么它们的精确性与正品率就能够得到保证,差错率与事故率往往会显著降低。

最后,智能系统与人的"物种进化"、"劳动能力"提升遵循完全不同的法则。智能系统遵循"摩尔定律"之类规律,"正在以指数速度提高自己的性能"①，而人作为生物体遵循生物进化规律，劳动技能的实质提升则要缓慢得多。"十年树木，百年树人。"一个自然人从呱呱坠地到长大成人，成为智能社会合格的劳动者，至少需要经过十多年的养育、教育和培训，需要投入难以计量的人力、物力成本，而且人的知识、经验和劳动技能无法简单地"下载"、遗传，每一个人都需要从零开始辛辛苦苦地学习、积累。人的进化、成长规律决定了不能揠苗助长，不能人为地、显著地缩短这一过程。智能系统或智能机器人不仅可以源源不断地创造，可以生存于虚拟时空，而且其升级版可以"继承"以前版本的知识和技能，甚至可能通过自主学习实现自我提升。近些年来，智能系统的功能升级与制造成本之比一直呈现快速下降的趋势，它们今后甚至可能"把劳动成本降到几近于零"②。

诚然，人工智能的发展仍处于初级阶段，经济与社会的"智能革命"还"在路上"，离完成还有相当的距离。智能系统尚未真正拥有类似人类的目的意识、自主意识、计划意识以及道德感之类的复杂情感，人类在想象力、创造力、复杂交流、模糊处理、灵活变通、系统思维等方面仍然具有一定的优势。但越来越多的有识之士倾向于相信：智能系统在"类人智能"方面很可能突破"图灵奇点"，超级智能将远远超越普通劳动者；适用各种复杂、繁重劳动任务的智能系统的研发没有止境，将源源不断地为社会供给

---

① 卡鲁姆·蔡斯：《经济奇点：人工智能时代，我们将如何谋生？》，任小红译，机械工业出版社2017年版，第138页。
② 约翰·普利亚诺：《机器人来了：人工智能时代的人类生存法则》，胡泳、杨莉萍译，文化发展出版社2018年版，第33—34页。

"产业后备军";智能系统的"认知"水平和"劳动能力"将持续提升,劳动态度和劳动状态更是普通劳动者所不及;智能系统将在社会分工体系中承担越来越多的劳动任务,日益自主、自动地参与各种劳动活动。

人们别无选择,不得不告别曾经是"唯一拥有高等智慧"的"万物之灵"的优越感,接受并习惯自己创造的"令人难堪"的人机差距,尝试着在日益信息化、智能化的工作环境中,基于大数据、万物互联和人机交互技术,建立人与智能系统协同劳动、和谐相处的新型劳动方式。夜郎自大,故步自封,人为限制智能科技的发展和应用,拒绝在劳动领域与智能系统合作,拒绝采用先进的生产工艺和技术设备,通过牺牲劳动能力和劳动效率,以及迟滞经济和社会的智能化进程,"始终保持在智慧食物链的顶端"[①],这种逆历史潮流的举措是既不明智又不经济的,并且难免会为诸如此类的自大、保守付出沉重的代价。

二、技术性失业潮、"社会排斥"与"无用阶层"

在工业时代残酷的市场竞争中,资本家通过采用和改进机器,建构了一种按照"机器节奏"运转、流水线分工的生产体系。这大幅提高了工人的劳动强度和生产效率,却不断造成人的"劳动的过剩",造成工人的失业,造成整个社会的"过剩人口"越来越多。在智能技术日益成为社会基本技术支撑的时代背景下,"智能技术

---

① 库兹韦尔:《奇点临近》,李庆诚等译,机械工业出版社2011年版,第15页。

范式"以更加新颖的形式重构了社会生产方式和社会分工体系,"劳动过剩"或者工人失业的情况变得更加严峻了。

各种智能系统日益成为经济和社会活动的基础性配置,它们的"劳动"日益成为生产和服务的支柱性力量,成为经济效益和社会财富的源泉;各种专用智能系统如雨后春笋般涌现,正"替代"越来越多的体力和脑力劳动者,占据社会分工体系中大量曾经"专属于人类"的工作岗位;智能系统还"登堂入室",扮演着维系智能社会正常运转、保障人们的生产生活顺利进行、提升社会生活效率的重要角色。在智能时代新的社会生产方式和社会分工体系中,智能系统自主运作、人机之间的劳动协作渐成常态,人机之间的劳动机会竞争也日趋白热化。在智能科技突飞猛进,智能经济日益发展,产业升级日益加快,社会智能化、智慧城市建设不断推进的同时,英国经济学家J. M. 凯恩斯1930年就提出的"技术性失业"现象,正以日新月异、变本加厉的方式闯入人们的社会生活。

今天,经济与社会的信息化、自动化、智能化潮流正在狂飙突进。在日趋激烈的全球竞争格局中,如同工业化进程中机器的采用和改进一样,信息化、自动化与智能化的潮流也几乎是"必须执行的强制性命令"[①]。各行各业正在快速地、全方位地信息化、自动化和智能化,人机之间的劳动岗位重新分配、劳动机会的"竞争"不可避免,大幅度裁减普通劳动岗位上的普通劳动者必然发生。尤瓦尔·赫拉利在《未来简史》中写道:"自工业革命爆发以来,人类就担心机械化可能导致大规模失业。然而,这种情况在

---

① 恩格斯:《社会主义从空想到科学的发展》,人民出版社2014年版,第80页。

过去并未发生，因为随着旧职业被淘汰，会有新职业出现，人类总有些事情做得比机器更好。"① 但是，这次智能革命所导致的产业革命和社会革命是复杂、开放、颠覆性的，人类以往的所有经验、理论在逻辑上都并不能保证仍然适用。尤瓦尔·赫拉利也敏锐地意识到了这一点。他笔锋一转："只不过，这一点并非定律，也没人敢保证未来一定会继续如此。"② 目前，最悲观的观点认为，"经济奇点"到来时会出现"普遍性失业"；比较中庸的观点断定，智能系统将会替代人的部分工作；但即使是最乐观的人也坦承，"技术性失业"将会成为一个尖锐的社会问题。

而且，全球竞争格局中的"资本的逻辑"往往以效率和利润最大化为导向，"智能技术范式"则以彻底地、全方位地信息化、自动化和智能化为目标。在社会改造、重塑的大变革过程中，资本的拥有者和技术精英们一直以社会发展趋势为借口，以效率、利润最大化为导向，越来越热衷于重构全球社会生产体系和社会分工体系，越来越青睐高科技含量的自动化、智能化和"无人化"，越来越倾向研发和使用劳动技能更优、劳动态度更好的智能机器。换言之，他们在全球市场竞争和人机劳动机会竞争的背景下，越来越不愿意雇用工资福利要求越来越高、权利意识越来越觉醒的普通劳动者，特别是老弱病残孕之类弱势群体，还有目不识丁的文盲、缺乏科技知识的科盲等处于数字鸿沟之弱侧的"数字穷人"。

在资本和市场主导的工业化进程中，"机器排斥劳动者"导致

---

① 尤瓦尔·赫拉利：《未来简史》，林俊宏译，中信出版社2017年版，第286页。
② 同上。

工人过剩，使其处境日益艰难，导致劳动异化、贫富差距和社会分化越来越严重。迈入智能时代，智能经济的发展、产业结构的调整和"技术性失业"更是强化了以上的一切，导致社会日益分化为两个对立的阵营——占人口少数、包括财富精英和技术精英在内的精英群体，以及占人口多数的普通劳动者，特别是队伍日益壮大的"数字穷人"。

在智能时代之前，人力资源一直都是很宝贵的。农民对于农业社会的地主来说，工人对于工业社会的资本家来说，无论如何都不可或缺，是其剥削的对象，是利润和剩余价值之源。然而，"数字穷人"被贴上了"无用阶层"的可笑标签，精英阶层不再认可其价值，各种信息化、智能化的企业和机构越来越不愿意雇用他们。他们因此正在丧失马克思所揭露的农业时代、工业时代那种需要反抗的对抗性的社会关系，例如农民与地主、工人与资本家之间的那种因雇佣——或者说因需要——而产生的剥削与反剥削、压迫与反压迫的社会关系。曼纽尔·卡斯特将这一切形容为"信息化资本主义的黑洞"："现在世界大多数人都与全球体系的逻辑毫无干系。这比被剥削更糟。……因为至少剥削是一种社会关系。我为你工作，你剥削我，我很可能恨你，但我需要你，你需要我，所以你才剥削我。这与说'我不需要你'截然不同。"[①]

"数字穷人"沦落为尴尬的"无用阶层"，在这个全球一体、加速运转的世界上成了"多余的人"。他们被空前繁荣的智能社会冷

---

① 曼纽尔·卡斯特：《千年终结》，夏铸九、黄慧琦等译，社会科学文献出版社2003年版，第434页。

酷地遗弃在一隅，缺乏必要的、有效的社会交往，无法真正融入社会，只能接受无人关注、无人需要、无人喝彩、彻底被边缘化的残酷命运。即使智能科技加持下的物质生产力空前发达，社会财富前所未有地丰富，通过变革社会治理方式、建立健全社会保障体系，例如设立无条件的"普遍基本收入"（universal basic income），可以解决"无用阶层"最基本的民生问题，满足其基本的生存和生活需要，然而，他们丧失了劳动的机会和价值，丧失了人生的方向和意义，其存在变得虚无和荒谬化了。占人口少数的精英群体踌躇满志，已经琢磨着如何利用智能技术"升级"自我，打造由一个个"超人"构成的梦幻新世界；他们内心甚至不情愿容忍"无用阶层"卑微的存在，将他们视为有害无益的"废物"——有限资源的浪费者、前进道路上的绊脚石。

"数字穷人"的人生观念和生活方式陷入紊乱。他们祖祖辈辈传承、认同的价值观念——例如"天生我材必有用""天道酬勤""一分耕耘，一分收获"之类——不知不觉间土崩瓦解，人生失去了健康向上、正常有序的理想和目标。在摧枯拉朽、令人眩目的社会变革面前，在茫然无措、无所适从的混乱生活中，他们在精神层面萎靡失落，在心理层面悲观绝望，陷入日益严重的生存危机之中。例如，有调查显示，在目前工厂倒闭率和员工失业率比较高的地区，滥用药物、患抑郁症、自杀与犯罪的概率都相对较高。"数字穷人"面对汹涌澎湃的智能化潮流，面对虚拟与现实交织的梦幻社会，不知道自己为什么活着，不知道每天要做什么，不知道应该往哪里去，更不知道未来等待他们的是什么。当他们不满足于酒精、药物、短视频文化、电子游戏、虚拟交往、VR 体验等填充的无所事事的"现代生活方式"时，就可能像工业时代的卢德派捣毁机器一样，破坏智能社会的基础设施，干扰智能系统的正常运作，向精英群体和统治阶层抗议寻仇，从而将整个社会拖进无休止、无理性的撕裂、对抗和动荡，引爆一场全面而彻底的道德危机、价值危机和社会危机。

三、智能时代下人的劳动权利保障

"技术性失业""社会排斥""无用阶层"……智能时代涌现或日益突出的这些新现象，刻画了"数字穷人"等普通劳动者前所未有的悲惨处境。他们所面临的被替代、被忽视、被排斥和被抛弃，比马克思在工业革命初期揭露过的资本原始积累过程中的劳动异化、经济剥削和政治压迫有过之而无不及。因为其不仅剥夺了人的劳动机会和劳动权利，吞噬了人作为"劳动者"的根本，而且破坏了以劳动为基础建立的相互依存的人际关系，颠覆了传统社会正常运行的基石，从而令"数字穷人"陷入了物质和精神生活的穷途末路。

首先，劳动是人"成为人"、表现自己"类本质"的实践活动。"劳动创造了人本身"，人也是通过劳动而不断"成为人"的。劳动是人的存在方式，是"自由的生命表现"，是人的本质力量的积极的确证。"劳动是整个人类生活的第一个基本条件"[①]，是全部世界

[①] 《马克思恩格斯文集》第 9 卷，人民出版社 2009 年版，第 550 页。

历史的"真正基础"。自由、自觉的劳动实践活动曾被马克思论证为人与动物界的本质区别。正是通过具体的历史的劳动实践活动，人才真正地证明自己是"类存在物"，表现出自己的"类本质"。当然，人与劳动都是历史性、过程性的，处在未完成的形态，劳动的过程正是人的自我生成过程，劳动的发展程度正是人的自由全面发展程度的体现。迈入智能时代，如果不建立全体劳动者当家作主的社会制度，如果听任"资本的逻辑"与"技术的逻辑"交相强化，令越来越多的人因为"技术性失业""社会排斥"而绝缘于劳动实践，那么他们还能选择什么样的生存方式？他们如何才能"成为人"、表现自己的"类本质"？人类社会如何才能健康发展，不断生成所谓"世界历史"？

其次，劳动是人创造财富、实现价值的实践活动。劳动与自然界相结合构成了"一切财富的源泉"。只有通过一定的劳动实践活动，一个人才能与外部世界进行物质、信息和能量交换，创造一定的物质财富和精神财富，满足自己、他人和社会的需要，也才能按照"任何一个种的尺度"和"美的规律"改造客观世界和主观自我，充分发掘自己的潜能，实现自己的社会价值和自我价值。处于"社会排斥"状态、绝缘于具体的历史的劳动实践活动的"无用阶层"，根本没有机会、平台与外部世界进行深刻互动，又怎么谈得上财富的创造、需要的满足和价值的实现呢？

再次，劳动是人相互交往、建立必要的社会关系的本质性活动。在人猿相揖别、人类诞生的过程中，劳动就不再是单个人的活动了，而是一种群体协作的社会性行为。如荀子将"能群"视为人与禽兽之间的根本区别，马克思则将"一切社会关系的总和"视为人的本质特征。劳动交往过程中所建立的相互关系，是人的全部社会关系的核心部分，占据着基础性、支配性的地位。但智能系统和智能机器人对人的排挤、替代，令"数字穷人"之类普通劳动者陷入"技术性失业""社会排斥"状态，丧失了通过群体性的劳动协作实质性地融入社会、建立和维护以劳动关系为主的社会关系的渠道和机会。他们处于全球化的智能经济、智能社会体系之外，既没有自己的劳动领域和劳动单位，又不扮演一定的工作角色、承担一定的工作职责，因而无法产生相对于一定群体、组织的归属感，建立基本的社会认同。这破坏了传统的相互依存的人际关系结构，动摇了传统社会组织存在、运行的基础，并对千百年来形成的工作伦理（职业伦理）造成了巨大的冲击。

最后，劳动是人的神圣不可剥夺的权利和尊严。马克思在《哥达纲领批判》中畅想共产主义社会高级阶段时曾经深刻地揭示，劳动"不仅仅是谋生的手段"，而且本身就是"生活的第一需要"。①劳动权是人的生存权和发展权的基础，是人生快乐和幸福的源泉。平等的劳动权对于每个人至关重要，可谓与生俱来的不可转让的基本人权。"工作给人们带来的好处不仅只是保证温饱的薪水，还有群策群力制定并且最终完成具有挑战性目标而带来的归属感、满足感和成就感，甚至是充实每周时光的固定的工作内容和乐在

---

① 《马克思恩格斯文集》第 3 卷，人民出版社 2009 年版，第 435 页。

其中的生活节奏。"① 如果一个人长期陷入失业状态，被经济和社会体系排斥在外，甚至被精英群体鄙夷地视为"无用阶层"，那么，他不仅无法按劳取酬、获得自食其力的经济收入，在劳动过程中有所成就、"自我实现"，通过劳动成绩赢得他人的尊重和做人的尊严，而且自己的"第一需要"得不到基本的满足，在迷失生活意义和生命价值的窘境中，幸福指数必然显著下降。

总之，劳动作为人的存在方式和本质性活动，是社会发展和人的美好生活的基础，劳动权是人的基本人权。而在社会信息化、智能化过程中，当智能系统的功能或者说劳动能力越来越强，实际承担的工作岗位和职责越来越多，特别是承担越来越多的以往断定"专属于人类的工作"，或者说，当人的劳动能力不断被各种各样的智能系统所超越，人的工作岗位不断被智能系统所掠走，人自身因为无所事事而功能"退化"，越来越丧失劳动能力时，劳动就不再是人的"专利"了，正在丧失财富的源泉、美好生活的基础的地位，同时也就很难说是人所特有的自我肯定、实现价值、维护尊严的本质性活动了。进一步地，社会智能化浪潮刚刚"起势"，未来的形势只可能日趋严峻：由于智能系统的持续开发和无穷无尽，智能系统不知疲倦、不计报酬的特点，"数字穷人"之类普通劳动者的劳动机会将会持续减少，其基本的劳动权利不断被剥夺。这不仅造成了人的新异化和存在的荒谬化，而且对人的基本人权和自由全面发展构成了实质性威胁。

---

① 托马斯·达文波特、茱莉娅·柯尔比：《人机共生：智能时代人类胜出的5大策略》，李盼译，浙江人民出版社2018年版，第Ⅷ—Ⅸ页。

在这种情况下，我们必须破除"资本的逻辑"和"技术的逻辑"及其联盟，建立"全体人民当家作主""以人为本"的政治制度；完善社会顶层设计，重塑社会治理体系，彻底消除旧式分工和压抑性的强迫劳动，通过人机之间、人与人之间的新型分工体系，保障所有人享有平等的劳动机会和劳动权利；同时，大幅缩减每个人的必要劳动时间，普遍增加自由时间，持续提升包括"数字穷人"在内的全体人民的劳动技能和劳动效率，在生产实践和社会服务等领域构建更高层次的"人机共同体"和人机文明。

（本文曾以《智能系统的"劳动"及其社会后果》为题发表于《哲学研究》2021年第8期，收录本书时有改动）

第十一讲　劳动权益的宪法基础与法律保障

阎　天[*]

本讲摘要：劳动者应该理解这个身份的宪法意义，特别是把握宪法赋予了劳动者哪些权利。在我国，劳动在宪法中有着非常重要的地位，它主要表现为两个形式：一是劳动者，二是劳动权。国家政权掌握在劳动者手中，国家培养和成就劳动者，给予劳动者以光荣；劳动者有劳动的权利和义务，在劳动中有平等的权利，还拥有休息、退休和获得物质帮助的权利等，负有遵守劳动纪律的义务。宪法赋予劳动者以各项权利，这些权利需要通过劳动法加以落实。劳动法对劳动者的保障措施根据工作的流程分成求职、在职和离职三个阶段，包括就业性质、公平就业、订立合同、工作时间、休息休假、劳动报酬、岗位调整、合同续订、解雇保护和竞业限制等十个方面。劳动法对劳动者的权益采取了全方位的保障。这些保障落实了宪法关于劳动权的规定，使劳动者作为国家主人翁的地位得到了充分的体现。

---

[*] 阎天，北京大学法学院助理教授、博士生导师、院长助理。

劳动者应该理解劳动者这个身份的宪法意义，把握宪法赋予了劳动者哪些权利。宪法赋予劳动者的权利，通过劳动法给予保障，劳动者因此必然需要把握劳动法有哪些方面的保障措施。劳动权益的宪法基础和法律保障，理应成为劳动者的必修课。

一、劳动权益的宪法基础

劳动在宪法中有着非常重要的地位，它主要表现为两个形式：一是劳动者，二是劳动权。一言以蔽之，宪法对于劳动者的塑造就是劳动者是国家的主人。在国体层面，新中国区别于旧中国、我国区别于许多其他国家之处，就在于我国是劳动人民的国家。这在宪法上主要体现在三个方面。

第一，国家政权掌握在劳动者手中。《中华人民共和国宪法》序言规定："社会主义的建设事业必须依靠工人、农民和知识分子，团结一切可以团结的力量。"劳动者是国家的依靠，其地位非常崇高。所以《宪法》第一条才规定："中华人民共和国是工人阶级领导的、以工农联盟为基础的人民民主专政的社会主义国家。"劳动人民当家作主不是虚无缥缈的，而是无所不在的。《宪法》第二条规定："人民依照法律规定，通过各种途径和形式，管理国家事务，管理经济和文化事业，管理社会事务。"就管理国家事务来说，劳动者有包括选举权和被选举权在内的各项政治权利；就管理经济事业来说，劳动者的一项重要权利是参与用人单位的管理，这主要是通过职工代表大会和工会等形式来实现的；就管理社会事务来说，我国有基层群众自治组织，大家积极参加村委会和居委会的工作，就是行使社会事务管理权的表现。

第二，国家培养和成就劳动者。在某些社会制度下，国家并不代表劳动者的利益，它与劳动者之间呈现出比较对立的关系。而在我国，国家、集体和个人的利益在根本上是一致的，这种一致性突出地体现在国家要培养和成就劳动者。这种培养和成就体现在方方面面，特别体现在教育领域。《宪法》第十九条规定："国家发展各种教育设施，扫除文盲，对工人、农民、国家工作人员和其他劳动者进行政治、文化、科学、技术、业务的教育，鼓励自学成才。"换言之，即使已经离开校园，国家也希望每个人都能在劳动中继续学习，不断提升自己。《宪法》第二十三条规定："国家培养为社会主义服务的各种专业人才，扩大知识分子的队伍，创造条件，充分发挥他们在社会主义现代化建设中的作用。"大部分同学完成大学的专业学习以后，都会成为专业人才和知识分子，国家是很看重大学生的，所以才会给大学生的发展创造条件。《宪法》第二十条规定："国家发展自然科学和社会科学事业，普及科学和技术知识，奖励科学研究成果和技术发明创造。"第四十七条规定："国家对于从事教育、科学、技术、文学、艺术和其他文化事业的公民的有益于人民的创造性工作，给以鼓励和帮助。"不论从事何种工作，只要有利于国家和人民，国家就会鼓励和奖励，这也是国家培养和成就劳动者的部分意义所在。

第三，国家给予劳动者光荣与热爱。《宪法》第二十四条规定："国家倡导社会主义核心价值观，提倡爱祖国、爱人民、爱劳动、爱科学、爱社会主义的公德……"社会主义核心价值观在个人层面突出表现为"敬业"。工作如果只是谋生的饭碗,为什么值得尊敬?劳动如果是一种负担,为什么值得热爱?这背后的道理是发人深省的。在社会主义制度下,劳动之所以可敬可爱,根本原因在于社会主义劳动具有超越个人眼前直接物质利益的特征。劳动不仅是为了让自己过上好生活,为了家人的幸福,更是为了建设我们共同的社会主义国家。每个人都努力劳动,我们的国家和共同体才能够更加强固,也才更有能力去培养和成就每一位劳动者。正是因为社会主义劳动不仅利己,而且利国利民,所以《宪法》第四十二条才规定:"劳动是一切有劳动能力的公民的光荣职责。"职责意味着劳动既是公民的权利,也是公民的义务。公民只有履行了劳动的义务,才是宪法意义上的劳动者,才能够分享劳动的光荣。正因为劳动是光荣的,所以在社会主义的劳动竞赛当中取得优胜的劳动者,以及劳动模范、先进工作者,才是国家奖励的对象,也是大家学习的榜样。

当前,强调劳动光荣的现实意义还在于反思消费主义。消费主义是从西方兴起、在我国有一定影响的思潮,它的基本内容是根据一个人的消费状况来评价其社会地位和贡献。某些人用奢侈品,甚至挥金如土,就被认为社会地位高,引来消费主义者趋之若鹜;反过来,如果生活简朴,就被认为社会地位低,遭到鄙视。这种做法不符合宪法精神。在宪法看来,社会地位的高低主要不取决于消费了什么,而是取决于通过劳动创造了什么。劳动是衡量社会贡献的尺度,也是衡量社会地位的尺度。今天在校园当中,不难看到消费主义的踪影，对此要有所警惕。

劳动者是国家的主人，这种地位具体落实在哪些权利上？对此《宪法》做了一系列规定，建立了公民劳动权利义务的体系。

第一，公民有劳动的权利和义务。这是《宪法》第四十二条规定的。为了落实劳动的权利，第四十二条还规定："国家通过各种途径，创造劳动就业条件，加强劳动保护，改善劳动条件，并在发展生产的基础上，提高劳动报酬和福利待遇。……国家对就业前的公民进行必要的劳动就业训练。"我国宪法中的劳动权绝不仅仅是宣示性的，更具有现实性，这主要体现在国家从政策上、物质上等方方面面为劳动权利提供保障。这种保障在生活中随处可见。比如，政府把促进就业当作一项全局性的重要任务，摆在各项工作的枢纽位；政府每年都要开展安全生产和劳动保护的大检查，曝光违法案例，让经营者有所警醒，保护劳动者的生命健康和财产安全；政府还根据经济发展的状况不断提高最低工资，这是提高劳动报酬的具体举措。大学生参加劳动理论课程，这是对即将踏入职场的公民进行就业训练的一部分，是落实《宪法》第四十二条规定的表现。

第二，公民在劳动中有平等的权利。《宪法》第四条规定："中华人民共和国各民族一律平等。"第四十八条规定："中华人民共和国妇女在政治的、经济的、文化的、社会的和家庭的生活等各方面享有同男子平等的权利。国家保护妇女的权利和利益，实行男女同工同酬，培养和选拔妇女干部。"各民族和女性是否受到平等的对待，主要体现在家庭、教育和就业三个领域，这也是国家把男女同工同酬和培养妇女干部写进宪法的重要原因。

第三，劳动者享有休息的权利。《宪法》第四十三条规定："中华人民共和国劳动者有休息的权利。国家发展劳动者休息和休养的设施，规定职工的工作时间和休假制度。"工作时间和休息休假是劳动法的重要内容。劳动者的休息和休养设施的重要实例是工会附属的疗养院。

第四，劳动者享有退休和获得物质帮助的权利。劳动者年龄大了，乃至丧失劳动能力以后，就会退出职场。对于这些完成劳动使命的劳动者，国家规定了一高一低两项保障：高标准的保障是退休。《宪法》第四十四条规定："国家依照法律规定实行企业事业组织的职工和国家机关工作人员的退休制度。退休人员的生活受到国家和社会的保障。"目前我国一般实行男性60周岁，女干部55周岁、女工人50周岁的退休年龄。退休人员如果参加了基本养老保险，就领取养老金，养老金由基本养老保险基金承担；如果没有参加，就领取退休金，退休金由国家财政承担。基本养老保险是所谓"五险一金"的一部分，"五险一金"还包括基本医疗保险、工伤保险、失业保险和生育保险，以及住房公积金。低标准的保障是物质帮助。《宪法》第四十五条规定："中华人民共和国公民在年老、疾病或者丧失劳动能力的情况下，有从国家和社会获得物质帮助的权利。"国家实行物质帮助的主要机制是社会救助，例如我们熟悉的"低保"制度、农村的"五保户"制度等。

第五，劳动者有遵守劳动纪律的义务。这体现在《宪法》第五十三条。《宪法》把"遵纪"提升到与"守法"相当的地位，表明劳动纪律是社会主义国家社会秩序的重要来源和支柱。只有遵守劳动纪律，职场才能够规范有序，国家才能实现平稳发展。

二、劳动权益的法律保障

宪法作为国家的根本大法，规定了劳动者当家作主的地位，赋予劳动者以各项权利，这些权利如何实现？通常来说，需要劳动法加以落实。劳动法对劳动者的保障措施根据工作的流程分成求职、在职和离职三个阶段，包括就业性质、公平就业、订立合同、工作时间、休息休假、劳动报酬、岗位调整、合同续订、解雇保护和竞业限制等十个方面。

（一）求职阶段

1. 就业性质

求职者在找工作之前的必修功课，是搞清楚自己就业的性质。这关系到哪部法律能够保护自己，也关系到哪些权利受到保护。我国的就业性质主要可以分成四类。第一类是当公务员，与国家机关之间建立人事关系。负责管理公务员的法律是《中华人民共和国公务员法》等。如果到事业单位工作，比如到某大学任教，老师和学校之间就建立事业单位的聘用关系，这是第二类。这种关系是由国务院颁布的《事业单位人事管理条例》等来调整。第三类，如果到企业工作，和企业建立劳动关系，就适用《中华人民共和国劳动法》《中华人民共和国劳动合同法》《中华人民共和国劳动争议调解仲裁法》等法律。通常所讲的劳动法，指的就是规范劳动关系的法律。第四类，如果从事其他工作，比如打零工或者自主创业、当个体户，就适用《中华人民共和国民法典》等。下面讲的大部分劳动法制度都仅适用于劳动关系。

2. 公平就业

公平就业是一个社会热门话题。在招聘过程中，有些用人单位往往会出于各种原因而歧视劳动者。当歧视可能造成严重的社会后果时，法律会加以明文禁止。近年来，法律禁止的歧视类型越来越多。用人单位招用劳动者时，禁止考虑劳动者的民族、性别、种族、宗教信仰、传染病病原携带状况等因素。其中，对于传染病病原携带状况的歧视并不是完全禁止的：如果医学上认为携带某种传染病病原就不能从事特定工作，那么用人单位拒绝录用就并不违法；而在其他情况下，比如乙肝病原携带者在没有急性发作的情况下，用人单位对劳动者采取歧视就是违法的。求职者一旦遭到就业歧视，就可以提起诉讼。虽然打官司费时费力，但是不仅可以维护自己的权利，而且对于社会也有一定好处，所以还是要鼓励广大劳动者勇敢地拿起法律武器来保护自己。为了防止用人单位将禁止的因素纳入考量，法律有时索性禁止用人单位获取这些因素的信息。这主要体现在用人单位不可以询问女性求职者恋爱、婚姻和生育方面的状况和计划等。

3. 订立合同

我国法律规定，建立劳动关系必须订立劳动合同，而且除了非全日制用工（每天工作不超过4小时、每周不超过24小时的用工，主要是小时工）以外，劳动合同必须采取书面形式，由劳动者本人签字才可订立。在全世界范围内，我国对订立书面劳动合同的要求都算比较严格的。这样做的主要目的：一是促进劳资双方的协商，让双方在合同中把权利义务约定好，这样可以减少纠纷；二是在纠纷发生的时候，可以将劳动合同作为重要依据，也减轻劳动者一方的举证负担。

如果没有签劳动合同怎么办？如果是因为用人单位的原因而没有及时订立劳动合同，法律后果取决于拖延时间的长短。如果拖延了一个月以内，是不会产生法律后果的；而一个月期满之后，用人单位就要加付一倍的工资；如果拖延长达一年以上，就视为用人单位与劳动者已经订立了无固定期限的劳动合同，这意味着劳动合同不会因为期满而终止，除非用人单位有法定的事由，否则就不能单方面、不加补偿地解除劳动合同。这对劳动者是一个有效的保护。反过来，如果没有签订劳动合同的原因在劳动者一方，会产生什么后果？一方面，用人单位有权利单方面解除劳动合同，而且不需要支付经济补偿；另一方面，如果用人单位没有尽快解除劳动关系，而是采取默认的态度，那么一旦拖得太久，再想解除就要支付经济补偿金。

（二）在职阶段

1. 工作时间

我国实行每天不超过 8 小时、每周不超过 40 小时的工作制度，这叫作标准工时制。一些企业可以采取标准工时制以外的特殊工时制，但是必须以行政审批为条件。在标准工时制之下，法律对加班进行了严格的限制。加班是热门话题，个别企业在加班方面明显逾越了法律界限，采取所谓"996"的工作制，引起了很大的社会反响。法律规定，加班必须经过劳动者同意，用人单位不能强行要求加班；加班的时间通常每天不超过 1 小时，特殊情况下也不能超过 3 小时，每月不能超过 36 个小时。我们可以把"996"换算一下，看看它是不是超过了加班时间的上限。同时，加班不是没有代价的，而是要在事后安排调休，或者支付不少于 150% 的加班工资。如果被强迫加班，可以向劳动监察部门举报，劳动监察部门会对用人单位处以罚款。当然，在抢险救灾的危急情况下，加班的时间不受限制，也不需要征得劳动者同意。

2. 休息休假

与工作时间相匹配的是休息和休假的制度。许多单位都采取工作 5 天、休息 2 天，把休息日放在周六、周日的做法，其实按照劳动法的规定，这样做并不是必需的，用人单位只要保证劳动者每周有一次连续的、不少于 24 小时的休息就达到了法律的要求。比如，有的博物馆根据实际需要，安排馆员周日上班、周一休息，这是合法的。

我国有各种各样的假期，常见的包括节假、年假、产假、病假、事假，还有婚丧假、探亲假。节假每年 11 天，如果在此期间安排加班的话，要支付 3 倍的工资，如果遇到休息日（周六、周日）要另外安排补休。可见节假日的法律保障是最为充分的。带薪年假是按照工作的总年限，从工作的第二年开始每年都可以休息 5—15 天不等。如果单位安排劳动者在年假期间加班,要支付 3 倍的工资。在劳动者休年假期间,单位也要照常支付其工资,这就是"带薪"的含义。但是对于年假究竟哪天休、一次休完还是分几次休等具体安排,单位有比较大的发言权。

产假主要包括两个部分:一是全国统一的 98 天产假;二是各地视情况额外给予女性劳动者一些生育假。有的地方还会给男性一些陪产假。在产假期间,女性的工资停发,改为从生育保险基金里给女性发生育津贴。这就意味着在女性休产假的时候,用人单位基本不承担经济成本。产假还延伸出产检假、计生手术假等,产检期间工资照发,接受计生手术之后也有一定假期。

病假的长度主要取决于工作的总年限和在现单位工作的年限。病假包括两种情形:如果是因为工伤而得病的话,病假就被叫作"停工留薪期",顾名思义,工资照发;如果是因为其他原因生病而请假,法律对于工资的要求就非常低了。

事假也包括两类:一类是法定的事假,包括出庭作证、参加劳模表彰会、选举人大代表等。这些活动是为了履行公民责任,国家对此采取鼓励的态度,规定劳动者请这种事假的时候工资照发。至于其他事假,比如家里有事请假,是否会扣工资就取决于用人单位的规定;既然在请假期间没有给付劳动,单位也就可以不发工资。

至于婚丧假,目前主要以各个地方的规定为主,各地的长度不一。探亲假是一项很有历史感的制度。以前交通不便,为了让劳动者与异地居住的亲属团聚,国家设置了这个假期。现在高铁、飞机很发达，异地通勤逐渐不成问题，探亲假也就逐渐淡出历史舞台。

3. 劳动报酬

法律对于劳动报酬权的保障，主要包括两个方面：一是报酬水平的保障，二是报酬支付的保障。劳动者应该拿多少报酬？法律规定要在三条标准线之中取最高的那条。第一条是劳动合同的约定；第二条是最低工资标准，这是由各省份制定的，基本上每年都有调整；第三条是集体合同的约定，集体合同是由工会代表劳动者与用人单位协商制定的。怎样确保劳动者的报酬能够获得支付？一般要求劳动报酬必须以货币的形式按月足额支付。有时候用人单位会采取货币以外的支付形式，比如实物、卡券，这些做法通常都是不合法的。近年来出现了一些新型的物质激励措施，比如股权、期权，这些措施在法律上通常是认可的。劳动报酬如果以月以外的周期支付，比如有的单位可能几个月才付一次工资，通常构成工资拖欠，是违法的。但是有一些报酬，特别是奖金的存在目的就是让劳动者能够在用人单位长期工作，采取年终发放之类延迟给付的措施是合法的。

4. 岗位调整

大家可能看过类似情节的电视剧：劳动者在单位仗义执言，得罪了管理者，结果被调到无足轻重的岗位，或者工位被放到公共厕所对面。这种做法是否合法？岗位的调整必须要有法律、用人单位规章制度或者劳动合同作为依据，并不是单位想调整就可以自行调整的。法律有一些明确允许的岗位调整的情形，比如劳动者患病或者因公负伤，在医疗期满之后仍然不能从事原工作，或者是劳动者无法胜任工作，或者是企业因为转产、技术革新或者经营方式的调整等客观条件发生重大变化。而某一些调整岗位的做法则是法律所明文禁止的，比如那种带有侮辱性和惩罚性的岗位调整。

5. 合同续订

这是我国法律中很有特色的一项制度。根据《劳动合同法》，如果劳动者与同一个用人单位连续订立并且履行完毕两份固定期限劳动合同，劳动者就有权提出订立一份新合同或者续订原合同，用人单位不能拒绝，而且新合同或者续订后的合同是无固定期限的劳动合同。也就是说，如果你跟一家单位签了一年的合同，期满之后又续签了一年，履行完毕以后，单位要求你离职，你就可以要求再次续签，并且不再接受一年一签的待遇，要求新合同必须是无固定期限的。无固定期限合同不因期满而终止，除非用人单位确有理由，否则不能单方面解除劳动合同，劳动者的工作得到了保障。

（三）离职阶段

1. 解雇保护

解雇保护是我国劳动法上非常有特色的一项制度，它分成两种情形：一是劳动者把老板"炒"了，或者说劳动者自主离职；另一种是老板把劳动者"炒"了，或者说用人单位命令劳动者离职。无论在哪种情形之下,法律都偏向保护劳动者的利益。

先来看劳动者自主离职。这主要分成三种情况:第一种情况是劳资双方都有解除劳动关系的意愿,协商一致就可以解除劳动合同。这种情况下劳动者应该提出的是"辞职申请"。至于有没有经济补偿金,取决于是劳动者先提出还是用人单位先提出解除劳动合同。如果是劳动者先提出来的,就没有经济补偿;反过来,如果是用人单位主动提出,与劳动者协商一致的,用人单位要支付经济补偿金,标准是劳动者每在单位工作一年,就要支付相当于一个月工资的经济补偿金。这个制度鼓励劳动者"后发制人",尽量让用人单位先提解约。第二种情况是劳动者单方面决定离职,不想与用人单位协商。这时劳动者要发"辞职通知"给用人单位,通知必须采取书面的形式,并且必须提前30天就发送,以留出足够的时间让用人单位去找人替岗。这种情况下解除劳动合同是没有经济补偿的。第三种情况是用人单位有重大的过错,比如严重欠薪、严重没有提供约定的劳动条件,劳动者可以口头通知并且即时离职,不需要书面通知,也不需要提前30天,并且有经济补偿。如果用人单位的过错达到了危及劳动者生命安全的情况,比如说劳动者操纵重型机械,被强令违章危险作业,那么劳动者为了保护自己,无须通知用人单位就可以即刻离职,并且用人单位事后还要给予经济补偿。

再看用人单位命令劳动者离职。这是劳动者利益最脆弱的情形,也是法律对劳动者保护最严格的情形。如果劳动者存在重大过错，用人单位就可以命令劳动者离职，而且不需要支付经济补偿。这是对劳动者最不利的一种情况。《劳动合同法》第三十九条规定："劳动者有下列情形之一的，用人单位可以解除劳动合同：（一）在试用期间被证明不符合录用条件的；（二）严重违反用人单位的规章制度的；（三）严重失职，营私舞弊，给用人单位造成重大损害的；（四）劳动者同时与其他用人单位建立劳动关系，对完成本单位的工作任务造成严重影响，或者经用人单位提出，拒不改正的；（五）因本法第二十六条第一款第一项规定的情形致使劳动合同无效的；（六）被依法追究刑事责任的。"这六种情形就是六条红线，劳动者在整个职业生涯中都应提高警惕，一定不要触碰。

为防止用人单位随意解雇劳动者，法律对解雇权加以严格限制。允许解雇的情形只有两种：第一种是劳动者无法胜任工作，并且用人单位没有及时发现，直到过了试用期才发现。这时候用人单位可以把劳动者扫地出门吗？不可以。法律规定用人单位通常要先给劳动者换岗，如果仍然不能胜任才可以单方面解除，并且用人单位要为用人失察付出代价，支付经济补偿金。还有的时候，企业经营发生了主客观上的重要变化，可能是客观情况变化，比如转产、重大技术革新，也可能是主观上经营不善。在这种情况下，用人单位可以单方面解除劳动合同，但是法律规定了非常严格的条件。这种情况下的单方解除也是有经济补偿的。

此外，法律还规定了一些否定性的条件，如果成立的话，即使主客观条件发生变化也不能单方解约。这些条件包括：劳动者工伤并且丧失了劳动能力；劳动者患病并且还在规定的医疗期内；女职工在孕期、产期、哺乳期内；本单位的老职工，具体是指工作了15年且距离退休不满5年的职工。可以看到，除了《劳动合同法》第三十九条规定的情形，用人单位想要单方面解除劳动合同是非常困难的，这是我国对劳动者的一项重要保护。

2. 竞业限制

这是一项与企业之间的竞争关系很密切的制度。用人单位在劳动者离职之后，担心劳动者会去竞争对手那里工作，泄露本单位的商业秘密。为了预防这种情况，就与劳动者签订竞业限制协议，禁止劳动者在离职以后到竞争对手那里工作。法律出于保护商业秘密的目的，允许做出这种约定，但是也担心它被滥用，损害劳动者的自主择业权，所以要对竞业限制的约定加以严格限制。

这个限制包括三个方面：第一是主体的限制，只有能够接触到商业秘密的人，主要是高级管理人员和高级技术人员，才可以成为竞业限制协议的主体。有的用人单位不管员工做什么工作，哪怕是做清洁工，都不问皂白、一律要求签订竞业限制协议，这是违法的。第二是在对象、时间和地域上都有限制。竞业限制协议只能禁止到那些显在或者潜在的竞争对手那里去工作，协议的有效期不能超过两年，地域也仅限于可能发生竞争的范围。有的用人单位不管三七二十一，把限制的地域设置为全国甚至全球，这是不妥当的。此外，竞业限制不能没有补偿，补偿不能低于在原单位月工资的30%，而且必须是在竞业限制协议生效以后支付，还必须采取按月支付的周期。违反了任何要件都可能构成违法。

总之，劳动法对劳动者的权益采取了全方位的保障。这些保障落实了宪法关于劳动权的规定，使得劳动者作为国家主人翁的地位获得了充分的体现。

第十二讲 创新、创业与创投

王在全*

本讲摘要：这是一个创新的时代。创新尤其是技术创新成为推动经济增长的第一动力。创新带来了创业机会，新的产业大量涌现，吸引大量的创业者进行创业实践，创业实践本身就是一种特殊的劳动实践，这一独特的劳动实践将会带动产业的崛起、经济的增长和大量就业的实现，为经济增长提供坚实的企业实体基础。创新转化为创业以及创业本身的实践，都需要资金的支持与帮助，尤其是初创期的创业企业。以孵化器、天使投资、风险资本和私募股权等为代表的创业投资，为创业企业的成功做出了不可或缺的贡献。哪里是创投活跃的地方，哪里的创业就活跃，哪里的创新转化效果就良好，哪里的经济增长就迅速。创新、创业和创投形成了一个良性互动的循环。中国经济正处于转向依靠创新为主要动力的高质量发展的道路上来，劳动创造价值的新时代就是要依靠劳动质量的提升来发展高质量经济的时代。

---

* 王在全，北京大学马克思主义学院教授、博士生导师、副院长。

劳动是人类社会最重要的社会实践。一部人类劳动史，就是一部创新创业的历史。这是一个创新的时代。劳动、土地和资本曾经是推动经济增长的最基本的要素，但是今天，创新尤其是技术创新成为推动经济增长的第一动力。随着大数据、云计算、人工智能、区块链等一系列新的信息技术和数字技术的创新与发展，数字产业化和产业数字化的趋势将更加明确，新兴产业的崛起和传统产业的转型都将是一种必然。创新是创业的基础；创业是创新的现实转化；创投为创新、创业提供各种服务与支持，尤其是资金支持，对于创新和创业的发展发挥着重要作用。

一、 创新与创业

创新是人类特有的有意识、富于智慧的实践活动。创新本身就是创业。马克思关于创新有着系统的论述，主要表现在以下几个方面：一是关于创新的本质。创新作为一种人类特有的活动，确证了人是有意识、富于智慧的高等生物。同一般的实践活动相比，创新作为求新求异的开创性实践活动，需要更多的知识和智慧，需要耗费更多的脑力劳动和时间，所创造的社会价值也更大，因而是一种高级形式的实践活动，是人的本质力量的重要体现。二是关于创新的形式。创新有科学创新、制度创新、技术创新这三种基本形式。科学创新，表现为自然科学知识、人文科学知识、社会科学知识的创新，属于精神生产实践范畴；生产过程中社会力量的结合，是指分工、协作、采用新的生产组织形式和管理方式,或者进行生产关系变革、政治上层建筑变革,这便是制度创新,属于社会关系生产实践范畴;机器的运用、从直接劳动转移到机器即"死"的生产力上的技巧,则指的是技术发明、机器改良等活动促进生产力的发展,也就是技术创新,属于物质生产实践范畴。三是关于创新的途径。马克思主义指出的创新途径是遵从于规律、立足于需要、来源于教育。

在西方经济学家中,熊彼特的"创新理论"具有代表性,他用"创新理论"来解释资本主义的本质特征。他在《经济发展理论》一书中提出"创新理论"以后,又相继在《经济周期》和《资本主义、社会主义和民主》两书中加以运用和发挥,形成了以"创新理论"为基础的独特理论体系。"创新理论"的最大特色,就是强调生产技术的革新和生产方法的变革在经济发展过程中至高无上的作用。熊彼特认为,所谓创新就是要"建立一种新的生产函数",即"生产要素的重新组合",就是要把一种从来没有过的关于生产要素和生产条件的"新组合"引进生产体系中去,以实现对生产要素或生产条件的"新组合"。作为资本主义"灵魂"的"企业家"的职能就是实现"创新",引进"新组合"。所谓"经济发展"就是指整个资本主义社会不断地实现这种"新组合",或者说资本主义的经济发展就是这种不断创新的结果。而这种"新组合"的目的是获得潜在的利润,即最大限度地获取超额利润。熊彼特关于"创新"的形式主要有:引进新产品;引用新技术,即新的生产方法;开辟新市场;控制原材料的新供应来源;实现企业的新组织。

科技创新是经济增长的第一动力，会带动产业升级和转型，为创业企业的发展提供机会和空间，为企业家创业提供机会与选择。现在世界科技发展有这样几个趋势：一是移动互联网、智能终端、大数据、云计算、高端芯片等新一代信息技术发展将带动众多产业变革和创新；二是围绕新能源、气候变化、空间、海洋开发的技术创新更加密集；三是绿色经济、低碳技术等新兴产业蓬勃兴起；四是生命科学、生物技术带动形成庞大的健康、现代农业、生物能源、生物制造、环保等产业。这些科技创新都会为未来经济发展提供广阔的增长空间，为创业者的创业提供更多的机遇。

只有在尊重技术、尊重人才、尊重创新上下功夫，才能真正将创新转化为现实生产力，实现创业。为此，要做到尊重科学研究灵感瞬间性、方式随意性、路径不确定性的特点，允许科学家自由畅想、大胆假设、认真求证。用好科技人员，使他们"名利双收"：名就是荣誉，利就是现实的物质利益回报，而拥有产权是对其最大的激励。用好人才，还要用好企业家。企业家有十分敏锐的市场感觉，富于冒险精神，有执着顽强的作风，在把握创新方向、凝聚创新人才、筹措创新投入、创造新组织等方面可以起到重要作用。创新为创业奠定了坚实的基础。企业成长与竞争靠的就是创新，通过提高劳动生产率获得竞争优势，创新成为经济增长不竭的动力之源。一切企业竞争的关键在于商品和服务变得更便宜，使消费者有更好的体验，满足人民日益增长的美好生活需要。

二、 创业与创业者

创新带来的就是创业机会，新的产业大量涌现，吸引大量的创业者进行创业实践。创业实践本身就是一种特殊的劳动实践，这一独特的劳动实践将会带动产业的崛起、经济的增长和大量就业的实现，为经济增长提供坚实的企业实体基础。创业是必须承担风险的创业者通过捕捉商业机会，投入已有的知识技能，配置相关的资源，为消费者提供产品和服务，为个人和社会创造价值和财富的过程；也是一个创造增长财富的动态过程。

创业是促进经济增长、提高人均产出和形成新的社会结构及经济结构的重要动力。创业活动是以创新要素为基础的要素组合的经济活动，它对技术进步、技术创新和制度创新有着特殊的贡献。

进入知识经济时代以来，创业更成为世界经济发展的关键动力。知识经济的基本特征是知识型企业的大量出现，并在经济活动中发挥着越来越重要的作用。新创企业为社会经济活动提供了大量的新鲜血液，创业成为知识经济时代技术创新的主要实现方式。

近年来，我国政府高度重视大众创新创业，先后出台了一系列扶持、鼓励创新创业的政策法规，解决了大学生创业经验不足、海外人才创业身份受限、返乡人员创业门槛过高等"瓶颈"问题，让人民群众敢于创业、乐于创业、便于创业。对科技创新创业特别予以重视，破除了创业面临的体制障碍，让创业者有其股、得其利、创其富。鼓励创业者应用新技术、开发新产品、创造新需求、培育新业态,为实现高质量经济发展提供新的支撑点。

就业是事关国计民生的大事。2014年我国政府工作报告提出"以创新引领创业,以创业带动就业",进一步明确了政策鼓励的方向。2014年9月,国务院总理李克强在夏季达沃斯论坛上提出,要推动"大众创业,万众创新"。此后,各方合力开展"双创"工作。一系列创新创业扶持政策陆续出台,表明在实践层面已充分认同创业带动就业的作用,宽松的政策环境也使我国近年来的创业实践活动越来越活跃。

目前,大学生创业的途径相当广泛。许多大学生创新意识强,有自己的专利或开发项目,创办高科技企业,这是创业的一条理想之路。除此之外,还有许多创业之路可选择,比如,一些毕业生运用自己的专长、特长,个人或合伙开办教育培训班、书店、咨询公司等,这些都属于创业的范畴。大学毕业生自主创业不仅解决了自己的就业问题,而且给别人提供了就业机会和岗位。可以说,对当代大学生而言,自主创业是实现职业规划的一条光明之路、希望之路。

创新通常被看作企业家精神的核心特质,也是创业活动的典型特征。创业的本质是创新、变革,没有创新的创业不可能有很好的发展,没有创业精神也同样不可能有重大的创新生产。创业者通过引入新产品,更好地满足客户需求和环境需要,从而打破了市场平衡而切入市场;创新用来创造新产品/服务,但需要创业者通过识别市场机会,开拓供给渠道和促销等,来实现创新产品/服务的商业化。

创业者走向经济舞台比起在经济理论中的出现要早得多，从人类开始从事生产活动，需要进行分工和协调，需要对所掌握的各种资源进行整合时，创业者在经济生活中的重要性便悄然凸显。最早对创业者的定义是"中间人"。中世纪到17世纪，创业者主要是指那些管理重大生产项目的人，这些创业者并不承担风险，他们仅仅是那些通常由政府提供资源的生产项目（例如城堡及其防御工事、公共建筑、修道院和大教堂等）的管理者。17世纪，创业才与风险真正联系起来。当时，一位叫理查德·康替龙的经济学家建立起一套早期的创业者理论，他被认为是创业者理论的主要奠基者之一。他把创业者视为"风险承担者"，认为创业者敢于冒险去获取暴利。萨伊将创业者描述为将经济资源从生产率较低的区域转移到生产率较高的区域的人，并认为创业者是经济活动过程中的代理人。

1921年，奈特根据不确定性和企业家精神对企业的功能进行了分析。在奈特看来，企业不是别的东西，而仅仅是一种装置，通过它，企业家自愿承担风险，并保证厌恶风险者得到确定的收入，以换取对后者的支配权力。奈特指出，在不确定性下，实施某种具体的经济活动成了生活的次要部分；首要的问题或功能是决定干什么以及如何去干，这个首要的功能即指企业家功能。

创业是具有创业精神的创业者与机会的结合，创业机会与创业者之间存在互动关系，甚至可能是"鸡与蛋"的关系。创业的商机往往来源于潜在用户日常生活中的实际需求，而且值得注意的是，商业机会稍纵即逝。任何重要的行动都来自某种想法，创业活动也不例外。创意是创业的开端，创业者对机会的识别源自创意的产生。创意是具有创业指向同时具有创新性甚至原创性的想法，是将问题或需求转化为逻辑性的框架，是让概念物像化或程序化，而不是单纯的奇思妙想。

现代社会，创意的来源多种多样，尤其是互联网的产生更是大大拓展了创意的寻找空间，使创意的寻找更加快捷，也使人们容易查到某个创意是否已经被别人想到并付诸商业实践。一般来说，企业的创意常常来源于顾客、竞争企业、分销商、政府机构以及企业的研究与开发活动。一个好的创意就像一颗优质的种子，是创业成功的前提条件。但是，创意并不等于创业机会，只有具有商业价值的创意才能带来好的机会。

三、创业与创投

创新转化为创业以及创业本身的实践，都需要资金的支持与帮助，尤其是初创期的创业企业。以孵化器、天使投资、风险资本和私募股权等为代表的创业投资，为创业企业的成功做出了不可或缺的贡献。哪里是创投活跃的地方，哪里的创业就活跃，哪里的创新转化效果就良好，哪里的经济增长就迅速。

创业投资是一种专业机构或者专业人士将私募资金投资到创业企业，获得非上市公司的权益资本，以待未来通过资本市场出售股权获得高回报的一种投资。按照所投资的企业的发展阶段，可以将创业投资分为天使投资、风险资本、私募股权等资本形式。创业投资也即广义的私募股权投资（Private Equity，PE），它是指通过私募方式来筹集资本，将其主要用于对非上市公司的投资，包括但不限于风险投资、成长资本、Pre-IPO投资、杠杆并购、夹层资本、不良债权投资以及私人投资公开股票（Private Investment in Public Equity）等。狭义的私募股权投资主要指对已形成一定规模并产生稳定现金流的成熟企业的私募股权投资部分，以并购基金为主。由经验丰富的专业人士来运作这种资金运作模式，他们不仅提供资金，更重要的是他们为所投资企业提供管理经验，提供市场及未来发展的联系渠道。

创业投资是风险投资机构或者私募股权机构作为专业机构所从事的一项投资活动，一般经历募资、投资、管理和退出四个环节。

募资是指创投机构募集投资资金，一般采取私募即非公开发行方式，募集的组织方式主要有有限合伙制、公司制、信托制等方式。目前的主流方式是有限合伙制，即创投机构作为普通合伙人，一般只出资1%左右，收取2%左右的资金管理费用，并获得投资业绩回报的20%左右的分成，其他出资人均为有限合伙人，主要是按照协议出资，并按照出资比例分享剩余80%的业绩回报。

普通合伙人管理资金并承担无限责任。管理风险投资募集的资金首先是投资，选择可投资的项目标的，在众多的创业项目中选择最优，这就要靠创业投资机构的经验和专业来确定，选择的正确与否将直接影响投资的收益。

然后是管理，一旦选定投资项目并投资入股，创业投资者将会参与企业的管理，从战略管理到财务投融资计划，从业务拓展到人才的引进，希望所投资的创业企业快速成长，以便收获利润。

随着创业企业的发展，创业投资将会择时选择退出。创业投资的退出是必然选择，因为有限合伙人有营利需求和投资的期限，创业投资将选择合适的方式退出企业，当然最佳的收获方式是上市，通过IPO选择退出是黄金收割方式。此外，也可以通过公司回购、企业间的收购等方式退出，最后也有可能破产清算退出。

创业投资经历募、投、管、退四个环节，不断积累投资经验，建立自己的专业声誉，以便更好地进入下一轮的投资周期。

创新、创业和创投形成了一个良性互动的循环。中国经济正处于转向依靠创新为主要动力的高质量发展的道路上来，劳动创造价值的新时代就是要依靠劳动质量的提升来发展高质量经济的时代。

创新是驱动经济发展的第一动力，创业离不开创新。人类一部劳动发展的历史，就是一部创新创业的历史。从茹毛饮血的时代到火的使用，从最初的打制石器时代到磨制石器时代，从铁的使用发展到蒸汽机时代、电气时代和内燃机时代，然后到计算机时代以及航天、生物和核能时代，再到今天的信息时代、大数据时代以及云计算、新能源和生命科学的新时代，无一不是创新的结果，人类在从大自然获取物质帮助方面取得了巨大进展，人类向更加自由的世界迈进。

创新本身就是社会实践的一种重要形式，通过创新完成的创业，直接带动了物质和服务产出的增加，解决了社会就业，创造了社会财富。创业者通过资源的有效配置，解决了人们生产生活中的痛点，创造出更多价值，使得创业得以成功和实现。

金融是经济发展中的血液，创新创业都离不开资金的投入和金融的支持。无论是以银行为代表的间接融资，还是以资本市场为代表的直接融资，尤其是在创新伊始和创业早期的创业投资，都成为创新创业实现的最重要的基础支撑。

劳动是价值的源泉，劳动者最光荣。创新是推动生产力增长的劳动实践和活动，创业是劳动的特殊形式，是资源配置最优化的劳动过程。金融在以上劳动活动中发挥血液的作用，输送营养和燃料，推动人类经济社会的进步与发展。

第十三讲 "反劳动"的文化症候及其诊断

张 梧[*]

本讲摘要：所谓"反劳动"，就是不再把劳动视为实现美好生活的途径，也不把劳动视为确立人的自由自觉本质的创造性活动。"反劳动"的文化症候之所以兴起，既蕴含着深刻的社会因素，也隐含着劳动正义的深层诉求。"打工人"话语的根源在于：从需求端看，劳动者的劳动收入无法跑赢消费欲望的满足；从供给端看，劳动者的劳动收入也无法跑赢财富收入的增长。"内卷"话语经由以下环节得以塑造：现代社会的竞争机制是"内卷"的可能前提，生存活动的抽象量化是"内卷"的主要表现，数字技术的加速系统是"内卷"的技术条件，上升通道的日渐狭窄是"内卷"的社会根源。"躺平"话语是对"高度内卷"的抽离，是对"心灵鸡汤"的抵制，是对"躺赢"现象的抗议，因而是以消极形式表达出的积极内容。摆脱"反劳动"文化症候的关键在于，防止社会阶层固化，畅通向上流动通道，给更多人创造致富机会，形成人人参与的发展环境。

---

[*] 张梧，北京大学哲学系助理教授、博士生导师。

在当前我国舆论场域中，能频频看见"打工人""内卷""躺平"等网络用语。这些网络用语作为社会意识的表征，尽管充满了戏谑自嘲的态度，然而在某种程度上折射出严肃而又深刻的社会现实。诸如"打工人""内卷""躺平"等话语，共同指向了一种"反劳动"的文化症候。这里的所谓"反劳动"并非指好逸恶劳、贪图享受的态度，而是说人们不再把劳动视为实现美好生活的途径，也不把劳动视为确立人的自由自觉本质的创造性活动。一言以蔽之，"反劳动"是劳动这种活动的价值和意义的彻底虚无化。"反劳动"的文化症候之所以兴起，既蕴含着深刻的社会因素，也隐含着劳动正义的深层诉求。借助这些网络流行用语，能让我们触摸到社会现实的"界面"，由此把握"反劳动"文化症候背后的社会根源，进而对此做出相对客观合理的反思，探求一条摆脱"反劳动"文化症候的现实道路。

一、剖析"打工人"话语

在人们的印象中，"打工人"的形象仿佛是与从事艰苦劳动或所谓低端服务业的体力劳动者联系在一起的。然而，现在正是那些穿着光鲜亮丽、打扮时尚精致、出入商务大厦、端坐在电脑桌前的"职场精英"把自己称为"打工人"。这种看似无心的网络话语，恰恰反映出当前我国社会在劳动领域的一场深刻变化：以往基于劳动分工的职业优越感正在丧失，取而代之的则是劳动者与资产者之间的分野。

也就是说，原来"职场精英"们的职业优越感是建立在劳动分工的基础上的：与那些从事艰苦劳动或低端服务业的体力劳动者相比，"职场精英"们的劳动强度更低、劳动条件更为舒适、劳动形式更为体面、劳动收入更为优渥。现在，基于劳动分工的职业优越感不复存在，"职场精英"们发现这样一个事实：他们与那些从事艰苦劳动或低端服务业的体力劳动者并没有本质性的区别，都是当年马克思所说的雇佣劳动者。"职场精英"们之所以萌生出雇佣劳动者的自觉意识，是他们开始面对这样一个群体：仅仅依靠着资产性收入就能获得大量财富而无须过度倚重劳动收入的资产者群体。相比之下，"职场精英"们开始自惭形秽，于是自嘲为"打工人"。这便是"打工人"话语的出场路径。

社会分化的逻辑转换从根本上塑造了"打工人"话语。在人们普遍都是劳动者的时代，社会分化主要表现为不同的劳动分工，劳动被人为地区分为"高端劳动"或"低端劳动"；现在的社会分化则表现为"不劳动的资产者"与"无资产的劳动者"之间的分野。这意味着，"打工人"话语的根源在于财富分配的不平等。

值得注意的是，财富分配并不等同于收入分配。以往人们对于贫富差距的理解始终局限于收入差距，将贫富差距直接等同于收入差距。收入差距是发生在雇佣劳动领域内部的事情，由于人们在劳动过程中处于不同地位，采取不同的劳动形式，创造出不同的价值，因而获得不同的报酬。自马克思开始，人们逐渐认识到，比收入分配更为根本的是财富分配。在《1857—1858年经济学手稿》中，马克思区分了两种不同的分配：一种是生产成果的分配，另一种则是生产条件的分配。与收入差距相对应的正是生产成果的分配。比生产成果的分配更为根本的，则是生产条件的分配。生产成果的分配仅是生产终端意义上的分配，而生产条件的分配则是初始条件的分配，所以生产条件的分配决定了生产成果的分配。

对此，马克思如此总结："在分配是产品的分配之前，它是（1）生产工具的分配，（2）社会成员在各类生产之间的分配（个人从属于一定的生产关系）——这是同一关系的进一步规定。这种分配包含在生产过程本身中并且决定生产的结构，产品的分配显然只是这种分配的结果。"① 在此，马克思所说的"生产工具的分配，社会成员在各类生产之间的分配（个人从属于一定的生产关系）"也就涉及生产条件的分配，而生产条件的分配同时就是生产资料的分配。

在马克思所处的资本主义社会，资本家垄断了对生产资料的占有，丧失生产资料的劳动者只能沦为雇佣劳动者而出卖自己的劳动力商品。这就出现了生产资料所有者即资产者同劳动者之间的对立。旋即，人们便会发现，资产的增长速度远远高于工资的增长速度。皮凯蒂在《21世纪资本论》中的这个发现，只不过是马克思当年早已区分的两种不同分配形式的理论回响。人们在现代社会中普遍观察到，财富分配比收入分配占据更为根本的地位，财富不平等的分化程度远远超过收入不平等的分化程度。

当前我国在分配领域也出现了纯粹依靠资产性收入的财富所有

---

① 《马克思恩格斯文集》第8卷，人民出版社2009年版，第20页。

者与主要依靠劳动收入的雇佣劳动者之间的社会分化。正是由于财产收入的差距，同时财产收入的增殖速度远远超过劳动收入的增长幅度，"朝九晚五"的上班族和"不劳而获"的财富所有者形成了对比，这是"打工人"话语得以兴起的重要根源。促使"打工人"话语兴起的另一个重要因素是消费社会的出现和消费主义的盛行。消费社会的出场，在一定意义上标志着我国社会的进步，"人们普遍接受物质享受合理化的生活方式，告别奢侈性的物质享受方式，对生活质量的重视及对幸福生活的追求成为社会生活中的核心价值，重视自我价值的实现和人的全面发展，追求丰富多彩的人生是人们的基本诉求"①。然而，消费社会也带来了消费主义意识形态的盛行。

在消费主义意识形态中，人们的消费行为不再根植于真实的需要，而是根植于虚假的欲望。对此，西方马克思主义者马尔库塞形象地说道："小轿车、高清晰度的传真装置、错层式家庭住宅以及厨房设备成了人的生活的灵魂。"② 从表面上看，需求与欲望似乎别无二致。然而，需求与欲望却存在着一条绝对的界限：真实的需求是可以得到满足的，而虚假的欲望永远使人处于匮乏的状态，因此人们不断在追逐物欲的过程中疲于奔命而无法得到片刻停歇。以欲望驱动为本质特征的消费主义意识形态，由此产生出这样一种真实的心理效应：人们普遍感到，在消费欲望面前，自己的劳动收入也处于匮乏的状态。因此，人们便会不由自主地对

---

① 胡连生：《当代资本主义的后物质主义发展趋向研究》，人民出版社2011年版，第7页。
② 赫伯特·马尔库塞：《单向度的人》，刘继译，上海译文出版社2006年版，第10页。

那些无须劳动就能获得"消费自由"的资产者感到艳羡不已。

从需求端看，劳动者的劳动收入无法跑赢消费欲望的满足；从供给端看，劳动者的劳动收入也无法跑赢财富收入的增长。在这两方面的共同作用下，对上班族而言，原先的职业优越感和劳动满足感降低了，一些人把"不劳而获"的资产性收入或财富收入视为实现美好生活的捷径，于是，劳动似乎也不再是通往美好生活的必经之路。因此，"打工人"话语在此意义上成为"反劳动"的文化症候，值得人们思考。

二、反思"内卷"话语

如果说"打工人"话语所反映的社会情绪是人们不再把劳动视为通往美好生活的途径，那么"内卷"话语所反映的社会情绪则是人们不再把劳动视为有意义的活动。在马克思的哲学中，劳动被视为人的本质力量的对象化过程，也是人对自身本质力量的确证过程。对象化意义上的劳动是实现和确证人的内在力量和主体性的活动，因而也是有意义的活动。正如马克思所说："正是在改造对象世界的过程中，人才真正地证明自己是类存在物。这种生产是人的能动的类生活，通过这种生产，自然界才表现为他的作品和他的现实。因此，劳动的对象是人的类生活的对象化：人不仅像在意识中那样在精神上使自己二重化，而且能动地、现实地使自己二重化，从而在他所创造的世界中直观自身。"[1]

---

[1] 《马克思恩格斯文集》第 1 卷，人民出版社 2009 年版，第 163 页。

然而，在所谓"内卷"过程中，劳动的意义失落了。尽管从表面上看人们进行着劳动行为，然而这种劳动仅仅是简单重复的机械活动，抑或是盲从他人的跟随行为，既没有使劳动者自身获得实质性提升，也没有使劳动者与其他劳动者区别开来，因此，劳动不再是表现自我特质的生命行为，而是沦为无意义的机械劳动。问题在于，劳动的意义为何会失落而沦为"内卷"？

首先，这是现代社会的竞争机制使然。在马克思看来，现代社会在某种程度上就是"竞争社会"。现代社会的竞争机制根源于资本逻辑的支配。正如马克思所说："竞争不过是资本的内在本性，是作为许多资本彼此间的相互作用而表现出来并得到实现的资本的本质规定，不过是作为外在必然性表现出来的内在趋势。"① 资本逻辑成为自由竞争的内在逻辑和前提，竞争状态成为现代社会的普遍状态，由此带来的结果是，"普遍的竞争迫使所有个人的全部精力处于高度紧张的状态"②，这就导致现代人的普遍生存焦虑。

正是在这种"普遍的竞争"中，人们只能"卷"入其中而无法抽离。马克思一针见血地指出："在自由竞争中自由的并不是个人，而是资本。"③ 被资本逻辑统治的个人并没有真正意义上的自由，只能被迫参与竞争游戏而陷入"内卷"困境。在此意义上，现代社会的竞争机制构成了"内卷"的必要前提。

---

① 《马克思恩格斯全集》第30卷，人民出版社1995年版，第394页。
② 《马克思恩格斯文集》第1卷，人民出版社2009年版，第566页。
③ 《马克思恩格斯全集》第31卷，人民出版社1998年版，第42页。

其次，这是生存活动的抽象量化使然。对于社会发展而言，现代社会的竞争机制具有"双刃剑"效应：一方面能够提升社会活力，另一方面也会导致"内卷"现象。也就是说，普遍竞争状态并不必然导致劳动意义的失落。普遍竞争之所以引发"内卷"，主要是因为竞争的评判尺度出现了问题，即竞争的评判尺度全部被抽象量化。例如，在大学校园里必然会出现学生之间的竞争，合理的竞争应当是学生的知识习得、能力发展等自我收获；然而，由于竞争的评判标准被设置为学分绩点，于是就有学生只注重绩点，而忽视了学习的意义。

衡量的抽象尺度成为人们的追求目标，而有时这种追求目标仅仅是抽象的数字。于是，现代社会便充斥着扭曲的评价体系：一个人成功与否，取决于他的收入存款和其他物质条件，而不再关乎其真实贡献；一个人健康与否，取决于他的化验指标与体重指数，而不再关乎其心理健康状况；一个学生聪慧与否，取决于他的学分绩点与论文发表数量，而不再关乎其思维能力。这意味着，一味地抽象量化将会抽空所有生存活动的内在意义，最终使得劳动沦为一种无意义活动。

更为重要的是，生存活动的抽象量化，意味着用同一把尺子衡量完全不同的事物，用同一个量化指标衡量不同质性规定的事物，就像在商品世界用价值来衡量所有商品，而不再重视商品的使用价值和真实功能一样。最终，这将必然导致生存活动的同质化：所有的事物"千篇一律"，所有的人物"面目相同"。

再次，这是数字技术的加速系统使然。面对当今社会愈演愈烈的"内卷化"趋势,不少人都想从中抽身而出。然而,摆脱"内卷化"并不是一件容易的事情。这是因为,在现代数字技术的支配下,人们都被卷入了一种不断加速的强制系统。例如,人们都已经深刻意识到了"外卖骑手被困在算法里"的现象,数字平台的算法设计驱动着外卖骑手不断追逐在更短的投递时间内完成更多的接单任务,甚至为此付出交通违规乃至生命的代价也在所不惜。外卖骑手的遭遇正是现代社会的劳动寓言,它表征了现代社会的"劳动悖论":一方面,劳动时间不断弹性化,就业方式日渐灵活,劳动自主性看似在不断增加;另一方面却是劳动的无意义,重复的机械劳动,疲惫的奔波身影,生命被算法操控,劳动被数据强制。

出现这种"劳动悖论",是因为在数字技术等机器条件下,劳动对上述生存活动的抽象量化机制由形式从属转向实质从属。马克思在《资本论》中指出:"资本找到现实生产过程,即特定的生产方式,最初只是在形式上使它从属于自己,丝毫也不改变它在工艺上的规定性。资本只有在自己的发展过程中才不仅在形式上使劳动过程从属于自己,而且改变了这个过程,赋予生产方式本身以新的形式,从而第一次创造出它所特有的生产方式。"① 马克思在这里所说的"新的形式",是指工人的劳动对机器体系形成了实质从属关系。所谓"形式从属",就是工人是机器的主人,可以自主地使用机器,工人在此情况下完全可以脱离机器,乃至脱离

---

① 《马克思恩格斯全集》第32卷,人民出版社1998年版,第103页。

整个生产过程。相比之下,所谓"实质从属"则是指,工人的劳动沦为整个机器体系中的一个环节,就像外卖骑手沦为整个算法系统里的"活劳动"一样,工人再也不能离开机器体系,工人对机器体系形成了实质性的依附关系。

与此同时,工人的劳动也在整个机器体系中沦为机械地重复,没有丝毫的创造性,也没有任何的主体性,因而整个劳动也就成为无意义的劳动过程。所以,以人工智能、大数据等为代表的现代技术,正是使劳动意义不断失落,也使"内卷"不断固化和加剧的技术条件。

最后,这是上升通道的日渐狭窄使然。如果说现代社会的竞争机制是"内卷"的可能前提,生存活动的抽象量化是"内卷"的主要表现,数字技术的加速系统是"内卷"的技术条件,那么值得追问的是:"内卷"的实质和根源究竟是什么?"内卷"的实质与其说是劳动的同质化和无意义,毋宁说是高度同质化的劳动者因为有限的工作岗位而被迫展开的竞争。

没有人会主动选择"内卷",人们之所以被迫"内卷",是生存压力使然。对于一个上班族而言,他明明知道"996"式加班有时是无意义劳动,但是为了表明劳动态度,在普遍加班的情况下只能被迫选择"加班",因为他害怕丢掉工作机会。设想一下,如果就业岗位和劳动内容随着社会经济发展而不断丰富,如果人们可以在人才成长的"立交桥"上自主选择劳动形式,而不必被迫挤在"独木桥"上展开竞争,那么还会出现所谓的"内卷"现象吗?答案显然是否定的。所以,"内卷"话语的深层次社会根源在于上升通道的狭隘，这既表现为就业竞争的加剧，也表现为劳动内容的趋同，最终必然表现为无意义的"内卷"过程。

三、审视"躺平"话语

面对层出不穷的"内卷"现象，许多"打工人"选择了"躺平"的姿态，于是，具有抵抗意味的"躺平主义"等话语开始进入公众舆论的视野之中。如果说"打工人""内卷"等话语所表征的是劳动逐渐失去其内在意义的现代社会病症的话，那么诸如"佛系""丧文化""低欲望""摸鱼"等"躺平"系话语则表征的是对这种强制性社会机制在个体选择意义上的拒斥和抵抗。也就是说，"躺平"话语正是"打工人""内卷"等话语合乎逻辑的发展结果。问题在于，如何看待及评价这种"躺平"话语？

目前，人们对"躺平"话语形成了两种完全不同的评价倾向。有人认为，"躺平"话语是消极现象，意味着奋斗精神的彻底丧失。例如，有论者指出："事实上，'躺平'现象不是现在才有的，它是近年来'丧文化''佛系文化'等为代表的'颓废型'文化的延续。'躺平'心理显然是消极的，任其发展下去，会走向消极宿命论、价值虚无主义与犬儒主义。"① 也有人认为，"躺平"话语有其积极意义，甚至提出"躺平正义论"。还有论者指出："只有那些在生活中无法自如地躺平的人，才会特意强调是自己选择了躺平。

---

① 宋德孝、别杨杨：《"低欲望躺平主义"的本质、危害及其超越——基于当代青年多元需求的分析视角》，《中国青年研究》2022年第2期。

'我选择躺平'表明,即使无足轻重,我还是一个人,一个意识主体。"① 也就是说,即使"躺平"话语充满了颓废消极的色彩,却仍然表达了个体作为一个活生生的人的抵抗姿态,换言之,"躺平"话语仍然有一定的积极意义,至少能提出"躺平"话语的人还没有彻底沦落到麻木不仁的境地。所以,面对"躺平"话语,人们出现了截然相反的两种评价:一种是"躺平有罪",一种是"躺平正义"。

究竟应该如何看待"躺平"话语呢?

其实,与其纠结"躺平"话语本身的对错,不如把目光转向"躺平"话语滥觞的根源。"躺平"话语的出场乃至在网络世界中盛行,有如下三重原因。

首先,"躺平"话语一定程度上是对"高度内卷"的抽离。正如有论者指出:"从'内卷'到'躺平'的语词变迁中,'躺平'从陀螺式的'内卷化'中自我退出,避免经受'内卷式'循环中'强竞争机制'的不断激发或'抽打',逃避面对'不允许失败或不包容失败'的'丛林式竞争'压力。"②

其次,"躺平"话语某种意义上是对"心灵鸡汤"的抵制。在当前社会,为了诱使劳动者以一种看似"自觉"的态度去"心甘情愿"地接受资本逻辑的统治,资本逻辑会催生出形形色色的"心灵鸡汤",也就是意识形态话语,去控制劳动者的心灵。其中,颇具

---

① 汪行福:《合成症候躺平现象分析》,《探索与争鸣》2021年第12期。
② 令小雄、李春丽:《"躺平主义"的文化构境、叙事症候及应对策略》,《新疆师范大学学报(哲学社会科学版)》2022年第2期。

典型意义的"成功学"话术,其基本的前提预设就是把个人的生活遭遇完全归因于个人的主观努力,表面上看是"别人成功是因为别人努力",其实传递的真实信息是"你失败则是因为你无能",而"无能"主要表现为劳动者对待老板和领导"情商太低","情商太低"的真实含义就是"不够顺从"。在具有抵抗意识的劳动者看来,这种"心灵鸡汤"无疑是"有毒"的。当"心灵鸡汤"越是鼓吹"个体努力",已然意识到"鸡汤有毒"的劳动者越是倾向于选择"躺平"姿态。

最后,有些人的"躺平"话语是对"躺赢现象"的抗议。当有些人深陷"内卷"而苦苦挣扎,也有些人却靠着"不劳而获"成为"躺赢者"。这显然是一种社会不公平,是基于起点不平等而导致的机会不平等,最终导致了结果不平等。作为对"躺赢"现象的抗议,有些人便以"躺平"的姿态与之对抗。在此意义上的"躺平"话语无疑具有积极意义,这种"躺平"姿态表征了一种对社会公平的深切渴望和正义诉求。

从上述分析来看,部分人的"躺平"话语是以消极的形式表达出积极的内容,因而具有一定的积极意义。事实上,除了极少数青年选择彻底的"低欲望的躺平生活方式"外,大部分青年都是把"躺平"作为自嘲的话语,表达出戏谑的态度,而并非其真实的生活选择。大多数当代青年虽然在表达上诉诸"躺平"话语,然而他们在身体上依旧非常"诚实"地选择了奋斗的人生姿态,一刻不停歇地奔跑在追梦路上。所以,"躺平"话语与其说是一种消极表达,毋宁说是"身体躺平意难平"的文化症候。问题的关键在于,要深刻把握其中"意难平"的实质性内容。但是，把握"意难平"的实质性内容，并不意味着要停留在"意难平"的情绪性表达层面。

尽管"躺平"话语是具有某种积极意义的情绪表达，但是它仍然停留在情绪表达之中。这就意味着，我们要从抵抗的情绪走向理性的反思，要走向具有建设性的实践。也就是说，"躺平"不仅应当意味着暂时的抽离，即"躺下来思考"，也意味着"站起来行动"，去改变"躺平"话语的社会前提。正如有论者指出："这样的'躺平'并不意味着放弃和逃避，也不是得过且过的佛系态度，而是减缓速度，抵御内卷和深度异化，重新思考自我与社会的关系，努力将扭曲的关系再扭转回来的一种新尝试。"①

既然从情绪表达走向理性反思，那么首先要解决的问题便是：既然"躺平"话语是对诸如"打工人""内卷"等"反劳动"文化症候的抵抗，那么究竟如何把握"反劳动"文化症候，进而去改变它呢？

我们应当认识到，"反劳动"文化症候具有两种完全不同的社会意蕴：一种是作为体制性矛盾的"反劳动"文化症候；另一种则是作为阶段性矛盾的"反劳动"文化症候。首先来看作为体制性矛盾的"反劳动"文化症候。这意味着，"反劳动"文化症候是以资本主义社会为前提，其表征了资本主义社会的深层次矛盾和结构性矛盾，因而是资本主义条件下无法克服的弊端。以"打工人"话语为例。我们已经知道，"打工人"话语的根源是财富收入的不平等，然而财富收入不平等在资本主义社会中是无法解决的，因为

---

① 马中红：《"躺平"：抵御深度异化的另类姿势》，《探索与争鸣》2021年第12期。

资本主义社会在生产富裕的同时必然生产贫困，这是资本主义的内在规律。然而在社会主义条件下，财富收入分配的差距是可以调节的，此即共同富裕的目标所向。

同样，再来分析"内卷"话语。我们已经知道，"内卷"话语的根源是上升通道阻塞。然而，同样是上升通道阻塞，资本主义国家和社会主义国家的根源却截然不同。在资本主义国家，上升通道阻塞是必然现象，这是资本逻辑持续扩张的必然结果。马克思曾经深刻地揭示了劳动者在资本主义条件下被迫"内卷"的根源："资本主义生产最美妙的地方，就在于它不仅不断地再生产出雇佣工人本身，而且总是与资本积累相适应地生产出雇佣工人的相对过剩人口。这样，劳动的供求规律就保持在正常的轨道上，工资的变动就限制在资本主义剥削所容许的范围内，最后，工人对资本家必不可少的社会从属性即绝对的从属关系得到了保证。"[①] 在此，马克思借助劳动力商品的特殊的供求规律，揭示出工人被迫"内卷"的秘密：数量庞大的产业后备军与已经获得就业机会的工人一样，都是高度同质化的劳动者，因而也是具有可替代性的劳动者。只有阻塞劳动阶级的上升通道，进而使劳动者之间为了生存而展开残酷的竞争，才能迫使那些已经获得就业机会的工人更加温驯地服从于资本的统治。所以，在资本主义条件下，"内卷"现象是无法避免的。要想从根本上清除"内卷"现象，就必须先行推翻资本逻辑的统治。

相比之下，在社会主义国家，劳动阶级上升通道之所以阻塞，

---

① 《马克思恩格斯文集》第 5 卷，人民出版社 2009 年版，第 881 页。

往往是因为生产力发展水平的限制。我国作为处于社会主义初级阶段的发展中国家，在发展起步阶段主要是依靠廉价劳动力优势和劳动密集型产业。在这样的起步阶段，人们出于满足温饱的需要，不在乎"996"等过度加班，也没有所谓的"内卷"意识。然而，随着中国社会的发展，当代劳动者的受教育程度在提升，劳动者的生活条件在改善，劳动者的奋斗目标也从全面小康转向美好生活需要。一方面，劳动者的主体意识不断增强，当代年轻人敢对"996""加班文化""职场霸凌"等现象大声说不，这正表征了劳动者权利意识的全面觉醒，也表征了中国社会的全面进步。另一方面，劳动者的素质也在提高，劳动者的劳动需求也出现了深刻变化：劳动不再仅是为了满足生存需要，同时也要满足主体的发展需要，新时代的劳动应当实现劳动者的价值、维护劳动者的尊严。在此情形下，经济发展如果没有跟上劳动者的发展脚步，高素质的劳动者被困在中低端的经济产业结构中，无法施展自己的创造性才能，也无法实现自己的主体性力量，自然就会对"内卷"产生批判意识和拒斥态度。

所以，我国的"反劳动"文化症候是我国发展进入新阶段后出现的现象，属于阶段性矛盾而非体制性矛盾，更非结构性矛盾。发展过程中出现的问题需要依靠更高质量的发展加以解决。因此，摆脱"反劳动"文化症候，出路并不在于"躺平"，而是要在社会主义制度的前提下接续奋斗。习近平总书记指出："要防止社会阶层固化，畅通向上流动通道，给更多人创造致富机会，形成人人参与的发展环境，避免'内卷''躺平'。"① 防止社会阶层固化，畅通向上流动通道，给更多人创造致富机会，不仅要靠新发展理念和高质量发展，要靠社会主义制度优势和共同富裕，更要靠当代中国青年追求美好生活和民族复兴的不懈努力。总之，改变"反劳动"的文化症候还是要依靠新时代的劳动实践，而不是靠"躺平"和观望，这不正是当代中国青年奋斗的意义所在吗？

---

① 习近平：《扎实推动共同富裕》，《求是》2021 年第 20 期。

第十四讲 "劳动创造幸福"的真实意蕴

何云峰*

本讲摘要：幸福和快乐是两个不同的愉快层次。人们追求的是持久的、深层的、整体的幸福，是快乐的集合体，而不单单是短暂的、表面的、局部的快乐。从劳动创造的角度来说，劳动本身有快乐也有痛苦，只要劳动的快乐具有合理性，那么劳动中也必然蕴含着幸福。劳动创造幸福至少有以下三层意蕴：首先，劳动为幸福创造基础和前提；其次，劳动确证人的本质，达到最高的幸福形态；最后，劳动消除各种不幸福的因素从而实现更高程度的幸福。劳动同时具有肯定性和否定性、属人性和非属人性、积极性和消极性等诸多二重性，各种二重性之间存在着永不停歇的矛盾运动。正是这种矛盾运动决定了劳动创造幸福是一个永无止境的过程。一方面，幸福都是奋斗出来的；另一方面，奋斗的过程本身也要成为幸福的过程。前者是结果状态的劳动创造幸福，后者是过程状态的劳动创造幸福。将二者有机统一起来，才是劳动创造幸福的真实意蕴。

---

* 何云峰，上海师范大学教授、博士生导师，知识与价值科学研究所所长。

幸福是用辛勤劳动创造出来的。这是古今中外众人皆知的一个普遍常识。不过，这个常识似乎跟人们的感觉有点相反，可能会有人说："我怎么感到辛勤劳动只有累没有幸福呢？""我怎么觉得不劳动更幸福呢？""为什么那么多人辛勤地劳作，十分辛苦，他们怎么享受幸福呢？"如此等等。这表明，有的人对劳动能够创造幸福是持怀疑态度的。实际上，的确也有个别人追求轻松而高回报的工作，甚至以不劳而获、少劳动多收获为乐。这些现象的存在表明，劳动创造幸福的价值观念需要进一步深入诠释，要从认识上真正把握其本质才能付诸行动。为此，我们有必要结合时代的新特点全面地理解幸福的真正本质、劳动与幸福的辩证关系、劳动创造幸福的真实过程性。

一、幸福与快乐是两个不同的概念

幸福问题是一个古老的哲学问题，迄今已有各种各样的理论从各自角度解释了什么是幸福。"幸福"一词在汉语中指的是"快乐、美满、甜蜜"，这表明幸福与快乐是不可分割的。不过，二者之间还是有所区别的。这种区别对于理解"劳动创造幸福"的问题非常重要。有幸福必须有快乐，但是有快乐不一定就有幸福。相对而言，幸福是一个内涵更加丰富的概念。从劳动的角度来说，幸福指的是人通过劳动使自己的类本质得到确证所获得的深层愉悦体验。

首先，幸福是更加深层的愉悦。只有人的本质在劳动中得到了确证，也就是人在劳动中获得人的存在方式，得到了"属人性"，以人的真正样态活着，才能称为幸福。而人的本质得到确证是一件非常崇高的事情，其神圣的意义不言而喻。由此产生的愉悦，就肯定发自一个人的内心极深处，而不会是表面的开心和愉快。当然，劳动也生产能够满足人的需要的各种物质和精神生活资料，让人生存下来，有机体得到保存。然而，这种保存如果不具有属人性，就仅仅是帮助人获得动物的存在方式。只有在此基础上进一步升华和超越，达到人的存在方式，才会真正地获得劳动幸福。

与这种确证人的本质的幸福相比，快乐则侧重表层的欢愉体验和喜悦。表层的欢喜虽然在一定程度上代表了劳动的快乐，但劳动者内心深处也可能隐藏着痛苦。比如，奴隶完全没有人身自由，但在丰收的时候也会载歌载舞，共同庆祝丰收的劳动果实。而对于他们来说，这是一种一时的快乐享受，其劳动创造并不具有属人性，因而他们不太可能是幸福的。劳动创造幸福对于他们可以说是一种荒诞无稽的空洞幻想。

其次，幸福更加依赖于内心体验。幸福需要心灵深处的震撼，涉及人性、人生意义的灵魂层面。劳动对人的本质确证所产生的内心愉悦，并非感官刺激和欲望满足的那种快乐所能比拟。感官满足层次的欢喜更多的是停留在人的生命保存水平上，原则上属于动物的存在方式。人跟所有动物一样，都有感知觉，当感知觉接收到一定外部刺激的时候，就会产生欢喜和快乐情绪。所以，快乐相对来说是容易达到的。比如，一个人要是不开心了，甚至可以用分散注意力的简单办法，产生出快乐的情绪。然而，幸福却不可能通过感官刺激达到，而是需要深层次的内心理解和体验，是一种灵魂深处的人性对话和感悟。所以，有人说幸福是"快乐和意义的结合"，而这个意义就是对人性（即人的存在方式）的理解和诠释。

人只有在用自己的劳动创造超越了动物的层次，而与人性达成一致的时候才会产生幸福。人性是具有普遍意义的人的总体特性，这种普遍人性如何在个人身上呈现出来，需要每个人自己用劳动创造去获得，从而产生"属人性"。只有属人性才能体现出普遍人性在个体身上的呈现。一个人获得了这样的人性呈现，就是获得了幸福。

再次，幸福更加持久。幸福不会转瞬即逝，而是长时间驻留，需要慢慢地体验。这就像我们祝福新郎新娘"新婚快乐"一样，很少有人会说"新婚幸福"，而一般会说"婚姻幸福"。这就是持久与暂时的愉悦之间的本质差别。

为了幸福，我们甚至可能要忍受暂时的辛苦和不快乐。任何劳动都有劳累性、折磨性和消耗性，但为了确证人的本质，获得属人性，必须超越自我，消解不幸福，最后走向幸福。属人性的获得哪怕是少量的，也证明了一个人实现了人的存在方式，摆脱了动物的存在方式。这样的本质确证性具有不可磨灭的永恒性。所以，从劳动的角度来说，幸福属于人性的升华，表明一个人摆脱了物的存在方式和动物的存在方式。这样的人性获取，不会像快乐那样很快消失，而是会留驻在现实生活中，成为生活世界持久的航标。

最后，幸福是更加全面的愉悦体验。幸福是系统性的、多因素同时产生持久愉悦的结果，单方面的愉快并不能说是幸福。从生活的一般意义上说，幸福反映了一个人生存境况的总体状态。正因为如此，许多关于幸福的测量工具才是多维度的。幸福的全面性、多样性、丰富性是非常明显的。单个方面有较好的愉悦性，并不能代表幸福的真实程度。与幸福不同的是，快乐则往往是指某一个方面的欢愉和喜悦。例如，当我们说新年快乐的时候，是指过新年的喜悦和开心，并没有全面反映生活的所有内容。在劳动过程中也是如此，我们享受到成功的快乐，而付出的艰辛本身可能暂时没有考虑。正因为如此，我们只有长期坚持不懈地努力奋斗才有可能实现"劳动创造幸福"。

由上可见，幸福和快乐是两个不同的愉快层次。人们追求的是持久的、深层的、整体的幸福，是快乐的集合体，而不单单是短暂的、表面的、局部的快乐。为了幸福，人们甚至可以牺牲某些快乐，通过辛勤劳动付出从而获得幸福。当然，快乐和幸福也是密切联系的。快乐是表现于外的现象，其背后的稳定性感受就可能意味着幸福。没有任何快乐表现出来的幸福是不存在的。所有幸福都是有快乐作为基础的，但并不是所有的快乐都是幸福。有的快乐过于短暂，就不会产生幸福。只有快乐持久地存在，才能蕴含一定的幸福。正因为如此，我们既要区分幸福和快乐，不要过分沉溺于短暂的感官满足之中，也要珍惜蕴含幸福时刻的真正快乐。从劳动创造的角度来说，劳动本身有快乐也有痛苦，只要劳动的快乐具有合理性，那么劳动中也必然蕴含着幸福。

二、劳动在何种意义上创造幸福

人是"类存在物",但人之所以是"类存在物",并不是因为人共有的自然属性,而是因为人所从事的劳动(生产),是劳动(生产)将人与动物区分开来,是劳动(生产)规定了人之所以为人的本质。在"人是自然的一部分"的基础上,人超出自然、与动物不同的部分,是人所从事的劳动。正是这一部分确证人的本质,证明人是真正地以人的存在方式存在。劳动在多大程度上确证人的本质,就意味着劳动创造了多少幸福。所以,劳动创造幸福是跟劳动的属人性正相关的。劳动创造幸福至少有以下三层意蕴:

首先,劳动为幸福创造基础和前提。幸福需要以衣食住行等基本需求的基本满足为前提。离开生存的基础,幸福便无从谈起。而人类所需要的一切都是由劳动提供的。劳动最典型的形式是物质资料的生产。而物质资料的生产是人类社会存在和发展的基本前提和基础。离开了物质资料生产,人类赖以生存的一切都将无法保证。人类社会要能够存在和发展,首先必须保证人们的衣、食、住、行,这就一刻也离不开物质资料的生产即生产劳动。正是物质资料生产保证了幸福生活的基础。正如马克思所指出的:"任何一个民族,如果停止劳动,不用说一年,就是几个星期,也要灭亡。"[①] 简言之,有了劳动,人类才能活下来。人类只有在保存下来的基础上才能考虑幸福不幸福的问题。

---

① 《马克思恩格斯文集》第 10 卷,人民出版社 2009 年版,第 289 页。

不过，需要特别强调的是，幸福的前提跟幸福本身不是同一回事。幸福必须要超越生存层次的需求满足，是更加具有属人性的存在样态，具有更高的精神境界。幸福虽然要以需要满足为基础，但物欲需求的满足本身并不是幸福。换句话说，让人活着，是提供了幸福的前提条件，而不是真正的幸福状态。劳动为幸福创造基础和前提，但要达到幸福的存在样态，还需要考虑更多的因素。

其次，劳动确证人的本质，是最高的幸福形态。人只有以人的方式存在着，才能表征为人。而人的存在方式必须通过劳动创造加以确证。既然劳动创造人，那么劳动就确证了人的类本质，劳动对人来说就是展现人作为人的类本质的最高幸福获取过程。于是，劳动创造幸福可以看作人作为人的初始权利，具有不可转让性。否则，人就不成为人了。显然，劳动在马克思那里并不是纯手段的，而是手段和目的的统一。一方面，劳动是人谋生的手段，也是解放和发展的手段，同时是人获得体面和尊严的手段。另一方面，劳动创造人，表明劳动也是目的，即人们通过劳动实现自己作为人而存在的资格。作为手段的劳动提供和创造幸福；作为目的的劳动本身就是幸福，而且是最高形态的幸福。

不过，这里所说的劳动是自由劳动，而不是异化劳动。自由劳动的本质就是具有快乐性、享受性和合意愿性的创造性诚实劳动。只有自由劳动才能够跟人的本质一致，才会有劳动创造幸福的现实可能性。① 我们知道，恩格斯依据进化论提供的科学假说得出

---

① 参见何云峰：《劳动幸福论》，上海教育出版 2018 年版，第 18 页。

"劳动创造了人本身"①的结论。这表明，有了人类存在之后，宇宙中就出现了三种不同的存在方式：物的存在方式、动物的存在方式以及人的存在方式。按照劳动创造人的基本原理，人的存在方式是由人类劳动创造出来的属于人所特有的专门属性之综合指称。所以，劳动在本真意义上应该是可以带来幸福并蕴含幸福元素的，因为它确证人的本质，把劳动参与者带入以人的存在方式存在。

换句话说，人的存在方式在宇宙普遍进化意义上是通过劳动实现的，即劳动赋予人真正人的属性。这就表明，即使单个的个人在出生的时候看上去是"人"，他也仅仅是生物意义上的人；要成为真正的人，还需要在劳动中去获得人的存在方式，成为拥有真正的属人性的人。而人作为人来说，当然就天然具有超越非人的存在方式从而以人的方式存在的权利，即拥有获得属人性的权利。而且人以人的存在方式存在的属人性权利是不可转让的，属于每个人都具有的天然权利。如果劳动能够促进人们获得人的存在方式，那么劳动就具有了属人性，就在一定程度上摆脱了非属人性，劳动就具有幸福性。

一个人在通过自身的努力和亲身投入劳动，获得了属人性之后，就在一定程度上达到了以人的存在方式存在的目的，也就意味着实现了劳动创造幸福的目标。正是在这个意义上，我们说"幸福是奋斗出来的"。然而，问题是，劳动同时又具有一定的非属人性，所以又具有不幸福的一面。这样，从劳动自身的客观特征来

---

① 《马克思恩格斯文集》第9卷，人民出版社2009年版，第550页。

说，劳动具有属人性和非属人性、幸福性和非幸福性、人的存在方式和非人的存在方式等诸多两两对应性，我们称之为哲学存在论意义上的劳动二重性。由于人具有独特的主体能动性，会不断提高劳动的属人性、幸福性，用各种途径降低和消解劳动的非属人性、非幸福性，所以劳动二重性之间就会产生矛盾，并推动人在劳动中更加以人的存在方式存在，这样劳动创造幸福的程度就会不断得到提高。

最后，劳动消除各种不幸福的因素从而实现更高程度的幸福。既然劳动同时具有肯定性和否定性、属人性和非属人性、积极性和消极性等诸多二重性，并且各种二重性之间存在永不停歇的矛盾运动，那么劳动创造幸福就需要从这种二重性矛盾运动中获得推动力。按照辩证法的观点，事物发展的根本动力来自事物自身内部的矛盾运动，所以劳动创造幸福的动力也必然来自劳动自身的矛盾运动。从劳动本身来说，作为一种感性的对象性活动，劳动必然具有多种表现形式的二重性，而且各种二重性之间会存在矛盾斗争与统一的关系。这种对立统一关系在运动中会产生一种推动力量，促进幸福程度的提升。

由于各种二重性具有两极性，当一个极提升的时候，另一个极就会得到一定程度的消解，因此，为了提升劳动创造幸福的程度，既可以通过增加劳动的肯定性、属人性和积极性等正向极去实现，也可以通过降低劳动的否定性、非属人性和消极性等负向极去实现。最理想的路径是同时增加正向极和降低负向极的作用力，但在实际中同时做到两极发力是很难的。最可行的路径是最大限度地降低可感知的负向极的作用力。这意味着，尽可能地消除各种不幸福的因素，便可实现更高程度的幸福。从现实来看，我们每个人都会直接感知到各种不幸福因素，如能有效消解这些因素，幸福的程度就必然提升。与此同时，我们当然也要不断增加正向的各种幸福元素。

总之，劳动创造幸福意味着幸福是超越需要满足层次的更高生存状态，体现了人的独特存在方式，表明幸福作为人的存在方式既不同于动物的存在方式，也不同于物的存在方式，而是更加具有对人本质的肯定性、更有属人性和积极性的生活状态。幸福意味着各种正向的幸福元素的增加，也意味着各种负向的不幸福元素的消减。人类正是通过各种创造力的发挥努力做到同时提升劳动二重性的正向力量和降低其负向力量，不断实现劳动创造幸福的。这表明，只想享受劳动二重性中的单极正向力量推动，是难以真正实现幸福的。

三、劳动创造幸福是一个永续的过程

劳动内在的二重性所形成的矛盾运动永远不会终止。只要有人类存在，就必然有感性对象性活动的存在。只要感性对象性活动发生，就必然具有内在的二重性。并且，其二重性之间会不断地产生矛盾运动，从而推动劳动创造幸福变成现实。劳动二重性之间的矛盾运动具有永恒性，决定了劳动创造幸福是一个永无止境的过程。人们通过劳动创造，只会更加幸福，越来越幸福，但永远不会达到最幸福的状态。

首先，无论劳动积极性、肯定性和属人性的增加，还是劳动消极性、否定性和非属人性的消解和降低，都是没有终点的过程。劳动积极性的发挥也就是将人作为人的存在进行生产，劳动者不仅可以在活动中享受个人的生命表现，也可以在劳动产品中感受到个人的本质力量，即自己作为社会性存在的"真正的本质"和"社会的本质"，这样的劳动才是将积极性发挥到最大的劳动。当然，这样的发挥是从具体的时间地点等条件来看待的。人们只能在特定的条件下最大限度地提高劳动的正向力和降低劳动的负向力。随着条件的改变，则需要进一步正向提高劳动创造幸福的推动力和负向减少劳动创造幸福的阻力。例如，在资本主义社会，劳动出现了异化，劳动二重性的负向力不仅没有得到消解反而被放大，于是走向了劳动创造幸福的反面。在资本主义条件下，劳动"不是自由地发挥自己的体力和智力，而是使自己的肉体受折磨、精神遭摧残"[①]，这就导致人成了劳动的奴隶，被迫从事奴役劳动。在这样的情况下，不可能有劳动创造幸福的期待结果出现。

其次，劳动消极性、否定性和非属人性在某些劳动过程中还需要有显现的时间和条件，从而分阶段性地呈现出来，当其没有充分暴露的时候，人们对消极性的负面影响很可能估计不足。由于社会进步和科技发展的历时性和阶段性，劳动在客观上产生的消极影响可能还会具有隐蔽性。只有条件具备了，劳动的负向力量才会完全显现。人们对于劳动活动规律的认识跟认识其他事物一

---

① 《马克思恩格斯文集》第 1 卷，人民出版社 2009 年版，第 159 页。

样，有一个过程。只有众多的现象显现，人们才会进行归纳总结、实验认证，从而形成科学的规律性认识。而这种阶段性表现出来的劳动消极性就相当于在规律没有完全暴露出来的时候，因为其本身的消极影响没有发挥到人类能够科学把握的程度，所以人们还没有掌握其发展的总体趋势，也无法对其进行科学的预警。这就会导致我们忽视这种劳动消极性，不重视它，使得人的身体朝向不好的方向发展。

例如，很多职业病的发生就是由于长期的消极劳动形式造成的。我们现在已经对很多职业病有了更多认识，并且国家也颁布了《中华人民共和国职业病防治法》。根据相关法律的规定，我们实际上已经在一定程度上认识到一些职业病的消极影响并有了应对措施。但是我们对一些职业病的认识也是一个逐步的、长期的过程，例如粉尘对人的身体的影响就长期被当作是个人身体的因素，在很长一段时间内没有被纳入职业病的范围，后来才被关注到了，并将其纳入劳动保护的维度。劳动创造幸福并不意味着简单地把人们投入劳动现场，而是要在劳动创造中不断消解劳动的种种负向力量。只有这样，劳动创造幸福才会成为可能。如果完全忽略劳动的负向力量，人们终究会否认劳动创造幸福论断的可信性。

最后，劳动二重性的负向力量得以消解，需要有生产力的发展和科学技术的广泛运用，而生产力和科学技术不会达到终点，总是在不断的提升过程中，所以劳动创造幸福也必然是一个永远没有终点的过程。任何劳动都会有消极性、否定性和非属人性，世界上没有只具有可享受性而不需要费力劳累的劳动。劳动创造过程本身就是一个劳作和艰辛付出的过程，这就必然带来一定的折磨性、摧残性和损毁性，从而展现劳动的消极力量。如果这种力量不能得到有效的控制和消解，劳动就会变得过于折磨人和摧毁人的美好感知，于是劳动就会令人畏惧和不喜欢。长久下去，劳动创造幸福就会变成一句空话。

消解劳动本身的消极性和否定性，必然受到生产力发展程度的制约。人类不可能超越生产力的水平而消解劳动本身的负向力量，而是只能跟生产力水平相适应地消解劳动的负面影响。要进一步消解负面影响，就必须进一步创造新的生产力。人类劳动同时还具有双重属性，即在生产人与自然之间关系的同时也生产人与人之间的关系。人与自然的关系就表现为生产力属性，而人与人的关系就表现为生产关系。劳动二重性的负向力量不仅可以通过生产力提高得到消解，而且要通过生产关系的调整得到消解。生产力和生产关系也是处于永恒的矛盾运动之中的。所以，这种双重属性之间的动态运动变化也会改变劳动二重性之间的矛盾运动力量状态，并进一步消解劳动的消极性、否定性和非属人性，在某些情况下（例如异化劳动状态下），甚至可能增加劳动二重性矛盾运动的负向力量。

总之，劳动二重性矛盾运动所产生的正向力量和负向力量会永远不断地确证劳动创造幸福的可能性和必然性。人们劳动不是简单地为了满足自身的物欲需要，不单单是为了生存，更主要的是为了实现幸福的人的存在方式，确证自己作为人的本质属性。这就意味着，我们一方面要鼓励人们积极投入劳动中去，辛勤劳动、诚实劳动，另一方面又要同时提高劳动的可享受性和降低劳动的折磨性，创造性地消解劳动所带来的负向力量，鼓励人们创造性地劳动。当劳动本身变得美好，对人的摧残性和折磨性降低到与生产力和社会经济发展相适应的程度的时候，劳动创造幸福才能具有更加丰富的内涵和多彩的表现形式。

随着科技不断进步，人工智能不断运用于劳动场景，劳动的负向力量不断弱化和消解，劳动本身所蕴藏的幸福力量在增强。于是，人们对劳动创造幸福的本质也必然会远远超越以往的传统诠释，从而形成全新的理解。正如习近平总书记所说："幸福都是奋斗出来的，奋斗本身就是一种幸福。"[①] 这就是说，幸福要靠劳动创造出来，劳动创造本身也要成为幸福的一部分。一方面，幸福都是奋斗出来的；另一方面，奋斗的过程本身也要成为幸福的过程。前者是结果状态的劳动创造幸福，后者是过程状态的劳动创造幸福。将二者有机统一起来，才是劳动创造幸福的真实意蕴。

[①] 习近平：《在北京大学师生座谈会上的讲话》，人民出版社 2018 年版，第 12 页。

第十五讲 "教育与生产劳动相结合"命题的时代诠释

檀传宝[*]

本讲摘要：马克思主义经典作家们所强调的"教育与生产劳动相结合"，原是一个现代教育的基本原则，是以大工业、现代科学技术的发展为基础的。但后人在对"劳动""生产劳动""教育与生产劳动相结合"等概念、命题的理解上，存在一定的片面性、局限性。劳动教育不仅可以通过参与适当的工业劳动、农业劳动等传统劳动教育实践途径去实现，还应该通过日常科学技术的学习等环节去实现。劳动教育不能仅仅被理解为简单的认知性学习（"进课堂"），而应当特别关注各学科的间接教育、隐性课程等教育形式，要特别注意综合课程、社会服务、实践性学习、建构性学习、终身学习、智慧学习等教育理念的有效落实。

---

[*] 檀传宝，北京师范大学教育学部教授、博士生导师、学术委员会主席。

"教育与生产劳动相结合"是马克思主义关于人的全面发展教育思想的一个重要命题。新中国成立以来,作为国家教育方针制定的最重要理论依据之一,这一命题产生了深远影响。德智体美劳全面发展教育方针的表述,又重新唤起了人们对于这一命题的兴趣。因为这一命题既涉及对国家教育方针的全面理解,也涉及对劳动教育概念的正确把握。今天在我们重新倡导劳动教育的时候,认真厘定现代生产的"教育与生产劳动相结合"的性质,深入理解马克思主义经典作家们关于"教育与生产劳动相结合"主张的本意或精神实质,对于我们准确把握和落实德智体美劳全面发展的教育方针以及开展健康有效的劳动教育都有十分正面的意义。

一、有关"教育与生产劳动相结合"的经典论述

"教育与生产劳动相结合"思想,最初可以追溯到空想社会主义。空想社会主义者莫尔、欧文等都曾经有过这一教育设想,欧文还开展过这一方面的教育实验。马克思超越空想社会主义的一个重要特征就是,不将社会变革的希望完全寄托于慈善家们道德意义的善良愿望之上,而是将社会生产力、科学技术的发展等看成是教育与社会进步之最重要基础。马克思对于"教育与生产劳动相结合"的有关论述,就是建立在对当时的机器大工业及科学技术发展深入分析的基础之上的。

在《资本论》中,马克思曾经明确指出:"从工厂制度中萌发了未来教育的幼芽,未来教育对所有已满一定年龄的儿童来说,

就是生产劳动同智育*和体育相结合。它不仅是提高社会生产的一种方法，而且是造就全面发展的人的唯一方法。"① 马克思还解释说："现代工业的技术基础是革命的，而所有以往的生产方式的技术基础本质上是保守的。现代工业通过机器、化学过程和其他方法，使个人的职能和劳动过程的社会结合不断地随着生产的技术基础发生变革。……因此，大工业的本性决定了劳动的变换、职能的更动和工人的全面流动性。"② "大工业又通过它的灾难本身使下面这一点成为生死攸关的问题：承认劳动的变换，从而承认工人尽可能多方面的发展是社会生产的普遍规律，并且使各种关系适应于这个规律的正常实现。"③ 关于如何"使各种关系适应于这个规律的正常实现"，马克思做了进一步说明："工艺学校和农业学校是这种变革过程在大工业基础上自然发展起来的一个要素；职业学校是另一个要素，在这种学校里，工人的子女受到一些有关工艺和各种生产工具的实际操作的教育。如果说，工厂法作为从资本那里争取来的最初的微小让步，只是把初等教育同工厂劳动结合起来，那末毫无疑问，工人阶级在不可避免地夺取政权之后，将使理论的和实践的工艺教育**在工人学校中占据应有

---

　　* 其实这里的"智育"（Mental Education）原意应该是指精神上的教育或脑力方面的教育。——引者
　① 《马克思恩格斯全集》第23卷，人民出版社1972年版，第530页。
　② 同上书，第533—534页。
　③ 同上书，第534—535页。
　　** 马克思这里所说的工艺指的是现代生产的原理，马克思曾经希望工人阶级子女能够通过"工艺教育"获得现代工业生产的原理，以适应现代生产对劳动力的流动性要求。——引者

的位置。"①

列宁在新的历史阶段对"教育与生产劳动相结合"则做出了更加明确的强调:"没有年轻一代的教育和生产劳动的结合,未来社会的理想是不能想象的:无论是脱离生产劳动的教学和教育,或是没有同时进行教学和教育的生产劳动,都不能达到现代技术水平和科学知识现状所要求的高度。"②

总结马克思、列宁的以上论述不难发现,马克思主义经典作家们关于"教育与生产劳动相结合"的最初论述有如下几个特征:

第一,"教育与生产劳动相结合"是以大工业、现代科学技术的发展为基础的。马克思主义学说一个重要的特征,是将生产力看成一切社会变革的物质基础和根本动力。故在大工业、现代科学技术发展的基础上分析"教育与生产劳动相结合",也一直是马克思、列宁相关论述的基本逻辑。一方面,大工业(从蒸汽机到电气化时代)加大了工人阶级职业转换的速度和可能,"承认劳动的变换,从而承认工人尽可能多方面的发展是社会生产的普遍规律",因此必须"造就全面发展的人",而"教育与生产劳动相结合"当然就成为造就全面发展的人甚至是改造旧社会的"唯一方法"。另一方面,大工业与现代科技在生产中的应用是一体两面的。由于现代科技的应用,现代生产在实现白领与蓝领工人的分工所代表的脑力劳动与体力劳动第二次分离的同时就要求脑力与体力的结合,即实现"教育与生产劳动相结合"以培养适应大工业

---

① 《马克思恩格斯全集》第 23 卷,人民出版社 1972 年版,第 535 页。
② 《列宁全集》第 2 卷,人民出版社 1959 年版,第 413 页。

生产的全面发展的劳动者。

第二,"教育与生产劳动相结合"在不同历史时期应有不同的阶段特点。马克思时代,大工业开始不久,因此他所谈的"教育与生产劳动相结合"的重要形式之一就是"生产劳动同智育和体育相结合","工人的子女受到一些有关工艺和各种生产工具的实际操作的教育"等。马克思基于当时的社会发展状况甚至并不赞成绝对废除童工等激进主张,反而认为当时的工厂法"把初等教育同工厂劳动结合起来"(即一定年龄的童工参加适当的生产劳动的同时,保障其接受一定时间的学校教育)是"从资本那里争取来的最初的微小让步"。当然,正如马克思所言,工厂制度只是"萌发了未来教育的幼芽",而"工人阶级在不可避免地夺取政权之后,将使理论的和实践的工艺教育在工人学校中占据应有的位置"。从社会主义的实践来看,也是十月革命之后列宁等人才得以在苏联更为自觉、全面地实施了教育与生产劳动相结合的教育方针,因为他们认为"没有年轻一代的教育和生产劳动的结合,未来社会的理想是不能想象的"。

第三,"教育与生产劳动相结合"是一个现代教育的基本原则。由于大工业、现代科学技术在生产中的大规模应用,在资本主义工业化时代就已经开始,"教育与生产劳动相结合"在资本主义工业化阶段也已经是一种社会和教育的事实,而且这一结合还会随着现代生产力的发展,在资本主义发达国家以不断更新的方式(美国的硅谷就是一种"教育与生产劳动相结合"的当代典型)发展。而社会主义教育实践(苏联和新中国等)更为自觉地强调、更为全面地实施了这一现代教育的重要原则。此外，建立在大工业基础上的"教育与生产劳动相结合"，跟工人子女在独立手工业时期及以前历史阶段的手工劳动、农业劳动中同时接受经验或生活意义上的教育与生产劳动的"原始融合"性质完全不同。因为后者是一种教育与劳动未分化的原始同一，而前者则是教育与生产劳动在一种分离基础上的现代结合。

二、对"教育与生产劳动相结合"命题的误读

新中国成立后，"教育与生产劳动相结合"一直是我国教育方针制定的重要依据，在某种意义上也可以说是教育方针的直接组成部分。一方面，"教育与生产劳动相结合"这一指导思想对中国教育事业发挥着十分积极的作用；另一方面，我们对"劳动""生产劳动""教育与生产劳动相结合"等概念、命题的一些理解也存在一定的片面性、局限性。这些错误认识也曾给我国社会与教育发展造成过重大损失。因此，认真回顾、反思过去对于"教育与生产劳动相结合"命题的若干误读，就显得十分必要。

"劳动"与"生产劳动"本来是不同的两个概念。"生产劳动"只是"劳动"的形态之一，不能用"生产劳动"排斥"脑力劳动"。马克思所言的"全面发展的人"基本含义之一也是人的"体力"与"脑力"的结合，马克思主义经典作家们也从来没有将脑力劳动排除在劳动概念之外。而马克思之所以要推动"教育与生产劳动相结合"，恰恰是现代生产过程中脑力劳动或科学技术越来越重要而不

是相反。从现代生产的事实看，不仅现代生产过程之中在需要体力劳动的同时也需要现代科技或脑力劳动的参与，而且在生产过程之外也越来越需要现代学校教育和科研机构系统的存在，并越来越多地通过这一生产过程之外的现代学校教育形式，去保障获得了科技知识与技能武装的劳动者（全面发展的人）源源不断加入现代生产过程。我们完全可以说，现代生产过程之外的现代科学技术及其教育的参与，不仅仅是"教育与生产劳动相结合"的形式之一，更是"教育与生产劳动相结合"得以实现的最终基础和关键途径。

换言之，体力劳动、脑力劳动都是"劳动"，生产过程之中的劳动（生产劳动）和生产过程之外的科学技术也是现代生产劳动的要素。令人遗憾的是，新中国成立后相当长的一段时间里我们实际上已经将"劳动"概念等同于"生产劳动"，进而等同于"体力劳动"，其结果是将"劳动人民"等同于体力劳动者，进而将一部分劳动者（知识分子）视作要接受另外一部分劳动者（工人、农民）革命改造的对象，造成了一系列违背历史潮流的悲剧。对于"教育与生产劳动相结合"命题的另外一个重要误读，就是将生产劳动等同于体力劳动，这一概念理解上的错误背离了马克思、列宁等对现代生产与科学技术越来越密切关联、知识分子是工人阶级的一部分等基本判断。近年来，随着国家教育方针重申对于"德、智、体、美、劳"的强调，另外一种对于这一命题的误读，又演变为对于"劳动教育"刻舟求剑式的理解，即将新时代的劳动教育等同于20世纪50—70年代的"学工、学农"（体力劳动）教育。其实质是延续了过去对于劳动概念本就错误的理解。

在马克思时代或者机器大工业阶段，考虑到现代科学技术应用已经为妇女、儿童参加适当的生产劳动提供了一定的可能性，也考虑当时工人阶级的生计需要，马克思并未赞同废除童工等激进的工人权利主张，而是认为当时英国的工厂法"把初等教育同工厂劳动结合起来"，保障一定年龄的童工可以在参加生产劳动的同时接受一定时间的学校教育，是资本的"微小让步"。马克思将这种"半工半读"（一半时间参加生产劳动，一半时间接受学校教育）性质的教育安排视作"教育与生产劳动相结合"的初级形态之一。

但新中国成立后，人们一度误以为"半工半读"这一特定历史时期迫不得已的教育安排是"马克思主义"的，其结果是延伸出了否定正规学校教育形式，将"半工半读"等非正规教育看成是"社会主义"教育的常态，后来甚至提出了"学校就是工厂""工厂就是学校""车间、田间就是最好的课堂""开门办学"等一系列的教育主张，浪费了儿童的宝贵学习时间，给中国教育与社会的正常发展造成了巨大损失。今天我们可以肯定地说，将"教育与生产劳动相结合"的特定历史形态误认为"教育与生产劳动相结合"本身或者全部，是造成诸多教育失误的认识论根源。

三、新时代"教育与生产劳动相结合"的合理诠释

随着当代社会与教育的飞速发展，"教育与生产劳动相结合"这一命题目前也极容易受到两种极端思维的干扰。一个极端是认

为"教育与生产劳动相结合"是一个应当抛弃的、完全过时的教育主张；另一个极端是认为"教育与生产劳动相结合"就意味着教育要重新回到"美好"的旧时代（20世纪50—70年代）。在新的历史时期，要走出这两个思维的误区，就必须对"教育与生产劳动相结合"命题做出合乎新时代特征的合理诠释。当前要特别注意以下三点。

（一）"教育与生产劳动相结合"与劳动教育的中介地位

"教育与生产劳动相结合"必须通过教育在生产过程之中和生产过程之外与生产劳动相结合这两种结合形式的相互支持才能真正实现。最重要的原因乃是现代生产劳动中科学技术的应用越来越成为当代和未来生产劳动的决定性因素。当代社会劳动者已经不可能仅仅通过生产过程的参与去完全学习、掌握这一过程所必需的科技与文化。因此，"教育与生产劳动相结合"的实践，绝不可以将劳动教育与科学文化的学习看成是彼此排斥的关系。若要让单纯的"劳动"过程成为"劳动教育"的教育实践，则要实现劳动过程的教育性转化，即实现德、智、体、美教育目标在劳动过程中的回归。[①]

此外，"教育与生产劳动相结合"还同时意味着劳动教育的中介地位。也就是说，学校开展的"劳动教育"与"生产劳动"在性质与功能上是有严格区别的。学校的劳动教育，是在德、智、体、

---

① 檀传宝：《如何让"劳动"成为一种"教育"？——对劳动与劳动教育的概念之思》，《华东师范大学学报（教育科学版）》2022年第6期。

美基本素养培育完成后让学生们通过有教育意义的劳动实践去检验学习成果，得到实践锻炼，并为在未来真正投入包括生产劳动在内的不同劳动过程、成为社会主义建设者做最好的准备。其实如果我们从语言的逻辑上分析，"教育与生产劳动相结合"这一表述本身，就意味着"生产劳动"已经是"教育"（德育、智育、体育、美育）之外的事物，因此两者才需要"结合"。所以尽管从强调劳动教育重要性的工作需要出发，教育方针上可以提德智体美劳全面发展，但是我们也必须清楚认识到，劳动教育与德、智、体、美四育并非处于同一逻辑层次。劳动教育内含着价值观、科学技术、体力、美感等德、智、体、美教育的因素；德、智、体、美四育也是实现劳动教育的形式，脱离德、智、体、美四育，只在有限的范围内孤立开展劳动教育是没有意义的。所谓劳动教育"进课堂"，应当理解为劳动教育在价值观上走进德、智、体、美四育的全部教育场域，而非过多、简单强调在课表上专列多少课时的劳动教育专门课程。

（二）"教育与生产劳动相结合"与劳动教育的核心目标

若我们承认，将新时代的劳动教育等同于20世纪50—70年代的"学工、学农"（体力劳动）教育，实质上是延续了过去对于劳动概念本就错误的理解，则今天我们再讲"教育与生产劳动相结合"时，教育应该与什么样的"劳动"相结合，就成为一个有待讨论的严肃话题。"教育与生产劳动相结合"这一命题也许更确切的说法应是"教育与劳动实践相结合"。这一方面是因为"劳动"概念的当代形态不仅包括越来越多的脑力劳动，更重要的另外一方面是"劳动"早已不再是"生产劳动"那么简单。在当代社会，"生产劳动"在全部劳动中的比重正在不断下降，而在消费、休闲等不再属于传统意义上的"生产"环节，新的劳动形态正在不断涌现，并在社会生活中发挥着越来越大的作用。

以上认识也可以推论到对劳动教育概念的正确理解。劳动教育的核心或者本质目标应当是劳动价值观的学习，而不应简单执着于对某一项具体劳动技能的学习。当代科学技术的学习本身就带有更为本质的"教育与生产劳动相结合"的性质，甚至学生们日常学习活动本身也具有"劳动"的性质，至少是某种特殊的劳动形式。因此，劳动教育可以通过参与适当的工业劳动、农业劳动等传统劳动教育主题实践去实现，也应该通过日常科学技术的学习环节去实现，应该将"学习"也看成是"辛勤劳动、诚实劳动、创造性劳动"的重要实践领域之一。

（三）"教育与生产劳动相结合"与劳动教育的教育形态

"教育与生产劳动相结合"首先是历史发展到现代社会的必然产物，是一种历史发展的事实，其次才是马克思主义者顺应历史发展趋势所提出的具有真理性的现代教育的主张。就前者而言，无论是现代学校教育或者是现代生产本身，都必然带有"教育与生产劳动相结合"的客观必然性。就后者而言，马克思、列宁等人在不同历史时期所提出的教育主张的具体落实，应当贯彻与时俱进的原则。"教育与生产劳动相结合"对当代劳动教育的启发，不仅在于我们在开展劳动教育时要特别关注"劳动新形态",关注消费性劳动、创造性劳动、复合性劳动等新劳动形态,而且要特别关注劳动教育的"教育新形态"。① 劳动教育不能仅被理解为简单的认知性学习("进课堂"),而应当特别关注各学科的间接教育、隐性课程等教育形式,同时要特别注意综合课程、社会服务、实践性学习、建构性学习、终身学习、智慧学习等教育理念的有效落实。

此外,正如"劳动"不等于"生产劳动"一样,现代教育已经越来越不等同于学校教育。"教育与生产劳动相结合"里的"教育"也不应该等同于"学校教育"。包括学校教育、家庭教育、社会教育、终身教育在内的所有教育形态,都必须顺应"教育与生产劳动相结合"的历史必然性要求,让学生学习现代生产所必需的科技、文化、价值观,以具备在更高程度上实现现代教育与劳动实践相结合的公民素养。而劳动教育的具体开展,某种意义上也首先是一个成人教育、社会治理的课题。"因为如果我们的成年公民好逸恶劳、追求不劳而获,如果社会分配制度过分畸形、诚实劳作得不到应有的报偿,学校劳动教育就很难取得真正的效果。因此,一定要注意处理好教育改革与社会治理的关系,也一定要实现学校劳动教育与社区、家庭教育的有机结合。"②

(本文曾以《何谓"教育与生产劳动相结合"——经典论述的时代诠释》为题发表于《课程·教材·教法》2020年第1期,收录本书时有改动)

---

① 班建武:《"新"劳动教育的内涵特征与实践路径》,《教育研究》2019年第1期。
② 檀传宝:《开展劳动教育必须解决好的三大理论问题》,《人民教育》2019年第17期。

第十六讲　新时代劳动教育的历史传承、基本要求和实践路径

陈文旭[*]

本讲摘要：劳动教育是新时代中国特色社会主义教育制度的重要内容，是构建"德智体美劳全面培养的教育体系"的必要一环。随着信息化、数字化时代的到来和党的十八大以来中国社会主义现代化建设事业的推进，我国经济社会的发展为劳动教育创造了有利条件，也使得新时代劳动教育中存在的问题暴露出来：一方面，人们对劳动教育的理解过于片面；另一方面，劳动过程中劳动人民创造的大众文化的价值和新时代数字文化创意的意义常常被忽视。这便对新时代劳动教育提出了新的要求，它肩负着培养时代新人的重要历史使命，是新时代弘扬劳动精神、树立正确劳动观的必然要求。新时代劳动教育必须突出价值教育的属性，助力实现社会主义核心价值观在国家层面的道德理想，指向社会层面的道德目标，涵养个人层面的道德规范。推进新时代劳动教育应大力践行以下三重实践路径：一是要坚持以马克思主义劳动观为指导，二是要着力培养学生的劳模精神、劳动精神和工匠精神，三是要引导学生形成满足生存发展需要的基本劳动能力和良好的劳动习惯。

---

[*] 陈文旭，北京大学马克思主义学院研究员、副教授、博士生导师。

《中共中央 国务院关于全面加强新时代大中小学劳动教育的意见》指出，劳动教育是中国特色社会主义教育制度的重要内容，直接决定社会主义建设者和接班人的劳动精神面貌、劳动价值取向和劳动技能水平。长期以来，各地区和学校坚持教育与生产劳动相结合，在实践育人方面取得了一定成效。同时也要看到，近年来一些青少年中出现了不珍惜劳动成果、不想劳动、不会劳动的现象，劳动的独特育人价值在一定程度上被忽视，劳动教育正被淡化、弱化。这就必然要求采取有效措施切实加强劳动教育，把劳动教育纳入人才培养全过程，贯穿家庭、学校、社会各方面，与德育、智育、体育、美育相融合，紧密结合经济社会发展变化和学生生活实际，积极探索具有中国特色的劳动教育模式，促进学生形成正确的世界观、人生观、价值观。

一、 新时代劳动教育的历史传承

劳动教育是马克思主义劳动观的重要内容，在马克思主义经典作家看来，教育要与生产劳动相结合。"教育与生产劳动相结合"的思想，既包括对从事劳动生产的工人予以教育，使劳动者在理论和实践的统一中掌握现代生产的原理和技术，同时也包含给学校的学生开展教育，为他们提供将科学技术知识应用于物质生产劳动的机会。教育与生产劳动相结合作为改造社会的最有力的手段之一，被视为共产主义教育的萌芽，这个理论创造为解决工人阶级的片面发展，进而为整个人类的全面发展提供了理论基础。

将视线拉回到中国,劳动教育贯穿近代以来中国共产党革命、建设、改革的全部历史实践中。随着五四运动的爆发,中国共产党应运而生。为凝聚工农阶级力量,培养共产主义革命者,中国共产党立足革命根据地,积极探索劳动教育的实践形式,通过一系列劳动政策、土地政策、经济政策、文化教育政策实施劳动教育。在中国共产党组织、联系、教育工农群众的过程中,劳动教育作为深入工农群众内部、启发工农阶级意识的思想政治教育方式,培养了共产主义革命者,形成了以革命宣传和生产实践为载体的劳动教育模式,为推进新民主主义革命斗争凝聚了强大的阶级力量。劳动教育作为唤醒民众阶级斗争意识的基本方式和手段,在培养社会革命力量的过程中起着重要作用。抗日战争时期,毛泽东提出,"一切机关学校部队,必须于战争条件下厉行种菜、养猪、打柴、烧炭、发展手工业和部分种粮"①。他要求抗日战争时期群众教育必须为长期战争和根据地建设服务,坚持培养投身革命的无产阶级战士。

在新民主主义革命时期,中国共产党通过多种形式有力地推动劳动教育的初步开展,具体包括:一是开办工农群体的补习学校,提高工农群众文化素质。中国共产党成立初期,在中国劳动组合书记部的领导下,各地开设工人夜校、工人补习学校、工人图书馆等,培养工人革命力量。中华苏维埃时期,列宁小学、补习夜校等教育阵地坚持劳动和教育相结合的模式,保障了广大工农群众的受教育权。延安时期,中国人民抗日军政大学、冬学等教育

---

① 《毛泽东选集》第3卷,人民出版社1991年版,第911页。

机构合理分配劳动生产和文化教育时间，既引导工农群众参与生产，又坚持提高群众文化水平。二是创办政治宣传刊物，启发工农阶级觉悟。在引导工人进行革命斗争的过程中，宣传刊物发挥着重要教育作用。第一次工人运动高潮期间，《劳动周刊》《工人周刊》《新青年》《前锋》等刊物以生动事例、充分理据，对工人阶级进行理论灌输，扩大了马克思主义的宣传阵地。三是解决工农劳动利益问题，激发群众生产热情。通过分配土地、改善生产条件、调剂劳动力等方式解决民众生产难题，激发民众生产热情，在充分改善民众生活条件的基础上，促进苏区经济建设。在1939年延安青年群众举行的纪念五四运动二十周年大会上，毛泽东对延安革命青年参加生产运动的成果给予很高的评价："延安的青年运动是全国青年运动的模范。"①

新中国成立以后，劳动教育呈现欣欣向荣的发展态势。新中国成立初期，随着经济和文化教育的起步，党和国家对教育事业发展给予高度重视。为了破除"万般皆下品，唯有读书高"的封建思想残余，改革旧式学校教育中轻视体力劳动和忽视工农劳动人民地位的教育理念弊端，解决毕业生就业问题，在全国范围内的中小学普遍实施劳动教育。《中国人民政治协商会议共同纲领》规定了新中国成立初期教育的性质："中华人民共和国的文化教育为新民主主义的，即民族的、科学的、大众的文化教育"，而教育目标正是培养基于基本国情"服务于工业农业和国防的建设"的人才。在这一方针指引下，新中国的教育事业融入国家发

---

① 《毛泽东选集》第2卷，人民出版社1991年版，第568页。

展大潮，培养了大批社会主义建设人才，克服了新中国成立初期国家人才短缺的困难。

社会主义改造基本完成后，党和国家进入建设社会主义的新阶段。1957年，毛泽东在《关于正确处理人民内部矛盾的问题》一文中明确提出："我们的教育方针，应该使受教育者在德育、智育、体育几方面都得到发展，成为有社会主义觉悟的有文化的劳动者。"[①] 1958年，全国教育工作会议确立的教育方针的目标也指向"有社会主义觉悟的有文化的劳动者"。需要指出的是，这个阶段整体上全国范围内的劳动教育仍属于一个全新的课题，苏联的劳动教育曾一度成为我国开展劳动教育的范式。

改革开放和社会主义现代化建设时期，伴随全党的工作重心转移到社会主义现代化建设上来，我国的经济体制改革确立了建立社会主义市场经济的目标，这些重大变革对劳动教育的目标和形式产生了深远影响。1978年4月，邓小平在全国教育工作会议上的讲话中特别指出："为了培养社会主义建设需要的合格的人才，我们必须认真研究在新的条件下，如何更好地贯彻教育与生产劳动相结合的方针。"[②] 随着党的十一届三中全会确定以经济建设为中心，教育与生产劳动相结合不再是局限于学校内部的教育手段，也不是旨在实现单一的工具性目的的手段，而是在顶层设计中现代化教育事业与国民经济发展相适应的必然要求。1993年2月13日，中共中央、国务院印发的《中国教育改革和发展纲要》提出：

---

① 《毛泽东文集》第7卷，人民出版社1999年版，第226页。
② 《邓小平文选》第2卷，人民出版社1994年版，第107页。

"必须坚持教育为社会主义现代化建设服务,与生产劳动相结合。"1995年3月18日,教育"必须与生产劳动相结合"方针被正式写入《中华人民共和国教育法》,对教育与生产劳动结合的讨论正式上升为一个关涉中国特色社会主义理论与实践的重大问题。

改革开放以来到20世纪90年代,中共中央在理念上对劳动教育的方针定位进行了相应调整,在实践中加强了劳动教育的系统化建构,使得劳动教育的实施取得了较大进步,但整体上仍处在探索和建构阶段。1999年以后是教育的深化改革阶段,当年6月13日,中共中央、国务院作出《关于深化教育改革 全面推进素质教育的决定》,提出:"加强和改进对学生的生产劳动和实践教育,使其接触自然、了解社会,培养热爱劳动的习惯和艰苦奋斗的精神。"2002年,党的十六大报告指出,教育"与生产劳动和社会实践相结合,培养德智体美全面发展的社会主义建设者和接班人"。强调教育与生产劳动相结合的表述中增加了"社会实践",体现了对马克思主义关于教育与生产劳动相结合思想认识的深化,也更加符合时代要求。劳动教育在这一时期得到了更多的重视,以全面提高人的基本素质为根本目的,着眼于学生的全面发展,其根本任务是为一个学生今后的可持续发展和幸福生活奠定坚实而稳固的基础。

二、新时代劳动教育的基本要求

回顾新时代劳动教育的提出背景,可以从党的十八大说起。党的十八大以来，我国进入新的发展阶段，消除绝对贫困，打赢脱贫攻坚战，全面建成小康社会，已经到了扎实推动共同富裕的历史阶段，需要继续依靠劳动、勤劳、奋斗来创新致富，创造共同富裕的美好未来。因此，在开启全面建设社会主义现代化国家、向着第二个百年奋斗目标进军的新征程中，推动劳动教育创新性发展势在必行。

同时，当今社会步入后工业化时代，信息化、数字化时代到来，劳动教育的内涵和形式发生了全新变化，劳动教育作为构建德智体美劳全面培养的教育体系的关键环节和综合体现，肩负着推动新时代教育事业发展的重要使命。劳动教育作为应对产业结构和劳动形态深刻变化的有效手段和实践路径，成为新时代弘扬劳动精神、树立正确劳动观的必然要求。

我国经济社会发展为劳动教育创造了有利条件，但新时代劳动教育仍然存在两方面的问题：一方面，劳动教育被片面理解为技艺学习的途径，或者被误读为休闲娱乐的方式，甚至被当作一种惩罚手段；另一方面，社会上还存在轻视信息化、数字化时代对脑力劳动提出更高要求的现象，人们往往忽视了劳动过程中劳动人民创造的大众文化的价值和新时代数字文化创意的意义。为了科学认识和践行新时代劳动教育，必须坚持马克思主义基本立场，根据新时代物质社会的新发展、新变化，特别是作为第一生产力的科学技术新变革、新突破，客观、深入地认识和把握劳动教育的发展规律，科学把握新时代劳动教育的基本内涵。

新时代劳动教育的创新发展，体现在习近平新时代中国特色社会主义思想中关于劳动教育的相关重要论述之中。习近平多次强调劳动和劳动教育的重要性。2015年，习近平在庆祝"五一"国际劳动节大会的讲话中强调："一切劳动，无论是体力劳动还是脑力劳动，都值得尊重和鼓励；一切创造，无论个人创造还是集体创造，也都值得尊重和鼓励。"在2018年"五一"国际劳动节前夕，他在给中国劳动关系学院劳模本科班学员的回信中指出："社会主义是干出来的，新时代也是干出来的。"他号召"全社会都应该尊敬劳动模范、弘扬劳模精神，让诚实劳动、勤勉工作蔚然成风"。广大劳动者无论从事什么职业，都要勤于学习、善于实践，踏实劳动，在工作上兢兢业业、精益求精，努力在平凡岗位上干出不平凡的业绩。要在全社会大力弘扬劳动精神，提倡通过诚实劳动来实现人生的梦想、改变自己的命运，反对一切不劳而获、投机取巧、贪图享乐的思想。

2018年9月10日，习近平在全国教育大会上强调，要"培养德智体美劳全面发展的社会主义建设者和接班人"，把"劳育"纳入人的全面发展教育，意味着把劳动教育纳入德智体美劳全面培养的教育体系。2020年3月，《中共中央 国务院关于全面加强新时代大中小学劳动教育的意见》（以下简称《意见》）出台，这是新中国成立以来国家最高层面首次对大中小学劳动教育进行顶层设计和系统部署，充分体现了党和政府对大中小学劳动教育的高度重视，是构建德智体美劳全面发展教育体系的重大举措。

新时代劳动教育目标肩负着培养时代新人的重要历史使命。依靠劳动为人类谋福利是马克思主义劳动观的重要思想。习近平强调,要"培养担当民族复兴大任的时代新人"。在实现中华民族复兴的伟大新征程上,每个大中小学生都是书写者、创造者、实践者。要鼓励学生通过辛勤劳动、诚实劳动、创造性劳动以及职业体验和各种实习实训,在实践中学习,在担当中历练,在尽责中成长,强化使命担当,增强社会责任感和历史使命感。《意见》指出,要"把准劳动教育价值取向,引导学生树立正确的劳动观,崇尚劳动、尊重劳动,增强对劳动人民的感情,报效国家,奉献社会";"树立正确择业观,具有到艰苦地区和行业工作的奋斗精神,懂得空谈误国、实干兴邦的深刻道理",做新时代的奋进者、开拓者和奉献者。

新时代劳动教育内容必须突出价值教育的属性。首先,劳动教育助力实现社会主义核心价值观在国家层面的道德理想。劳动教育鼓励勤劳致富,引导人们积极参与社会主义劳动实践;劳动教育关注劳动关系中的民主问题,能够增强大众的民主观念;劳动教育有利于发展社会主义先进劳动文化,提高全民族的劳动素质;劳动教育传递人与自然以及人与社会的生命共同、命运共同意识,塑造全社会的和谐共生理念。

其次,劳动教育指向社会主义核心价值观在社会层面的道德目标。劳动是通往自由与平等的实践进路,经过劳动教育的规范与引导,人们能够具备自由择业、自主就业的劳动素养,形成尊重劳动和劳动人民的道德情感;劳动也是实现公正与法治的重要途径,劳动教育帮助劳动者提升捍卫合法劳动权益、自觉履行劳动义务的法律意识,维护和促进社会公平正义。

最后，劳动教育涵养社会主义核心价值观在个人层面的道德规范。质朴的民族情愫和严谨的工作态度可以由劳动生成，劳动教育不仅涵养爱国之情与敬业精神，还能升华情感，引导人们将爱国之情转化为报国之行，将敬业精神转化为全身心地忘我投入，在生活中自觉践行爱国、敬业的价值准则。诚实劳动是社会诚信体系建设的基础，和谐友善的劳动关系是社会和谐的根基，劳动教育鼓励诚实劳动，主张建立和谐友善的劳动关系，由此推动全社会诚信理念和友善意识的培育、认同与践行。

三、 新时代劳动教育的实践路径

新时代劳动教育，应坚持以马克思主义劳动观为指导。牢固确立"四最"（劳动最光荣、劳动最崇高、劳动最伟大、劳动最美丽）的劳动价值观念是新时代劳动教育的主要使命。因此，我们要树立崇尚劳动、尊重劳动的价值观。"幸福不会从天而降，梦想不会自动成真。实现我们的奋斗目标，开创我们的美好未来，必须紧紧依靠人民，始终为了人民，必须依靠辛勤劳动、诚实劳动、创造性劳动。"[①] 因此，我们要树立辛勤劳动、诚实劳动、创造性劳动的价值观。建成社会主义现代化强国、实现中华民族伟大复兴，绝不是轻轻松松就能完成的，需要广大人民群众发扬艰苦奋斗的精神，付出更为艰巨的努力。因此，我们要树立劳动最光荣、劳动最崇高、劳动最伟大、劳动最美丽的价值观。

---

① 习近平：《习近平谈治国理政》第 1 卷，外文出版社 2018 年版，第 44 页。

新时代劳动教育，应着力培养学生的劳模精神、劳动精神和工匠精神。2020年11月24日，在全国劳动模范和先进工作者表彰大会上的重要讲话中，习近平总书记精辟阐释了这三种精神的科学内涵，分别是"爱岗敬业、争创一流、艰苦奋斗、勇于创新、淡泊名利、甘于奉献的劳模精神"，"崇尚劳动、热爱劳动、辛勤劳动、诚实劳动的劳动精神"，"执着专注、精益求精、一丝不苟、追求卓越的工匠精神"，强调它们"是以爱国主义为核心的民族精神和以改革创新为核心的时代精神的生动体现，是鼓舞全党全国各族人民风雨无阻、勇敢前进的强大精神动力"。其中，劳模精神与工匠精神相互补充、相互促进，构成了新时代劳动精神的两翼。劳模精神、劳动精神、工匠精神是新时代中国精神的具象表征，三者分别指向劳动精神面貌、劳动价值取向和劳动技能水平，共同构成了实现中华民族伟大复兴的精神旗帜。这些精神饱含着中华民族崇尚劳动的民族特色，彰显出中华民族艰苦奋斗的民族特质，从而共同铸就了中华民族坚韧的劳动品质。新时代劳模精神、劳动精神和工匠精神不是抽象的，而是具体的，它们体现在中华民族和中国人民的奋斗历程之中。

　　新时代劳动教育，要引导学生形成满足生存发展需要的基本劳动能力和良好的劳动习惯。要注重学生对科学知识和技术的学习、掌握和运用，以及学生科学思维方法和精神的培养。值得一提的是，北京大学考古文博学院将传承学科使命融入探索性劳动教育之中。田野考古实习课程是高校考古专业的必修课，但连续4个月的野外实习实属少见。从20世纪50年代至今，北京大学考古文博学院这项以探索性劳动教育传承学科使命的课程实践已经延续了几十年，在新时代正焕发着日益夺目的光彩。在体力劳动与脑力劳动的完美结合中，青年学生热爱劳动、享受劳动的情操在升腾。新时代劳动教育，要通过各种有效的形式，引导学生形成热爱劳动的习惯、提升劳动技能水平，为培养勤于劳动、善于劳动的高素质劳动者奠定基础。

后 记

摆在大家面前的这本《新时代劳动理论十六讲》，要直接回答的问题是新时代劳动教育应该如何开展、新时代劳动理论课应该讲什么，欲从深层次上回答的问题是如何从理论上把握劳动问题、应该掌握哪些方面的劳动理论。

这本书是北京大学开展本科劳动教育教学的成果，是深入贯彻习近平总书记关于教育尤其是关于劳动教育的重要论述以及相关文件精神的成果，从酝酿、写作、统稿到出版共历时一年多的时间。

2018年9月10日，习近平总书记在全国教育大会上指出："要在学生中弘扬劳动精神，教育引导学生崇尚劳动、尊重劳动，懂得劳动最光荣、劳动最崇高、劳动最伟大、劳动最美丽的道理，长大后能够辛勤劳动、诚实劳动、创造性劳动。要采取适应当前环境和条件的有效措施，加强劳动教育，组织好形式多样的劳动实践，让学生在实践中养成劳动习惯，学会劳动、学会勤俭。"这为开展新时代劳动教育提供了基本遵循。

2020年3月20日，中共中央、国务院出台《关于全面加强新时代大中小学劳动教育的意见》，明确指出劳动教育是中国特色社会主义教育的重要内容，要把劳动教育纳入人才培养全过程。2020年7月和2021年2月，教育部和北京市分别出台《大中小学劳动教育指导纲要（试行）》和《北京市关于全面加强新时代大中小学劳动教育的实施意见》，明确了开展劳动教育的具体工作要求。

为了落实相关文件精神，2021年7月，北京大学公布《北京大学关于全面加强新时代劳动教育的实施方案（试行）》，明确指出要将劳动教育纳入专业人才培养方案。根据相关文件要求，教务部研究制定了《北京大学本科劳动教育教学实施方案》，并请马克思主义学院牵头建设北京大学劳动教育理论课程。

为开设好劳动教育理论课程，我们广泛征求教务部、马克思主义学院等相关部门领导和专家的意见，确定了本课程建设需要具体推进的三项主要工作：一是召开一次以劳动理论为主题的全国学术会议，为课程提供学术支撑；二是组织学校各院系相关老师录制慕课，提供教学资源；三是出版配套教材，提供教学参考。

2021年11月7日，由北京大学马克思主义学院主办的"多维视角下的新时代劳动论"学术研讨会成功举行，来自全国各大高校的专家学者和在校学生近1000人在线上齐聚一堂，共同就劳动问题展开热烈讨论，各位主讲教师全面了解和把握了当前学界关于劳动问题研究的最新进展。

2021年12月至2022年1月，在北京大学出版社的协助下，北京大学劳动教育理论课的慕课视频录制工作全面铺开,来自马克思主义学院的王在全、宇文利、宋朝龙、陈文旭、赵诺、封世蓝、陈筠淘,哲学系的张梧,法学院的阎天,新闻与传播学院的张慧瑜,再加上我,11位中青年教师进行了课程录制,经北京大学出版社后期制作顺利完成并上线(www.pupedu.cn)。

录制完成后,我们请主讲教师围绕自己所讲的专题提供文字稿,以结集出版。为了进一步丰富专题,我们又专门邀请国内高校在劳动相关问题上的专家提供文稿。浙江大学刘同舫教授、北京师范大学檀传宝教授、上海师范大学何云峰教授、上海大学孙伟平教授分别在劳动正义、劳动教育、劳动幸福、人工智能劳动等方面有深入研究,感谢他们的供稿,让这"十六讲"得以最终成书。

本书是集体劳动的作品,是集体创造的结晶。感谢学校、学院领导的信任,感谢北京大学教务部、北京大学出版社等部门领导的指导。感谢访学教师李颖、周强强,感谢北京大学马克思主义学院的史锡哲、豆颖康、喻春曦、余涛、姜如雪、杨慧聪、包倩文、闫欣彤,他们参与了会务工作和文字稿整理、修订工作,对他们的付出表示由衷的感谢。

收到文稿后,统稿工作进展并不是很顺利,经常被繁忙事务打断,文稿只能长期保存在电脑里。感谢学校将这本书作为2022年规划教材立项,这给了我最终将其完稿的动力。我认真阅读了每一篇文章,对每一篇文章的格式进行了统一,对一些文章的题目以及标题进行了修改,删减、修改了一些文章的部分内容。有些修改有可能会影响到原文的精华部分，在此感谢各位老师的信任。

希望这本书能为新时代的劳动理论课、为新时代的劳动教育贡献一份绵薄之力，盼它能够给包括大学教师、大学生在内的读者以启迪，引导更多人更好地坚守劳动的价值、培育劳动的精神，不断通过劳动创造自己的美好生活，不断朝着把劳动当作"生活第一需要"的理想之境稳步前进。

当然，这本书还只是一个初步探索，作品本身还有很多不尽如人意的地方，还请读者见谅，期盼您能反馈给我们建设性的意见，我们将在之后的工作中不断补充完善。

陈培永

2022 年 10 月 15 日于北京大学燕北园

教师反馈及教辅申请表

北京大学出版社本着"教材优先、学术为本"的出版宗旨,竭诚为广大高等院校师生服务。

本书配有教学课件,获取方法:

第一步,扫描右侧二维码,或直接微信搜索公众号"北大出版社社科图书",进行关注;

第二步,点击菜单栏"教辅资源"—"在线申请",填写相关信息后点击提交。

如果您不使用微信,请填写完整以下表格后拍照发到 ss@pup.pku.edu.cn。我们会在1—2个工作日内将相关资料发送到您的邮箱。

书名		书号	978-7-301-	作者	
您的姓名				职称、职务	
学校及院系					
您所讲授的课程名称					
授课学生类型(可多选)	□ 本科一、二年级 □ 高职、高专 □ 其他_____			□ 本科三、四年级 □ 研究生	
每学期学生人数	_____人			学时	
手机号码(必填)				QQ	
电子信箱(必填)					
您对本书的建议:					

我们的联系方式:

北京大学出版社社会科学编辑室

通信地址:北京市海淀区成府路205号,100871

电子信箱:ss@pup.pku.edu.cn

电话:010-62753121 / 62765016

微信公众号:北大出版社社科图书(ss_book)

新浪微博:@未名社科-北大图书

网址:http://www.pup.cn